Mohammad Kalim Ahmad Khan
Salman Akhtar
Mohd Umar Azeem

Modulação dos isozimas CYP450 para prevenir o cancro da mama induzido por DB[a,l]P

Mohammad Kalim Ahmad Khan
Salman Akhtar
Mohd Umar Azeem

Modulação dos isozimas CYP450 para prevenir o cancro da mama induzido por DB[a,l]P

ScienciaScripts

Imprint

Cover image: www.ingimage.com

This book is a translation from the original published under ISBN 978-620-8-41715-4.

Publisher:
Sciencia Scripts
is a trademark of
Dodo Books Indian Ocean Ltd. and OmniScriptum S.R.L publishing group

120 High Road, East Finchley, London, N2 9ED, United Kingdom
Str. Armeneasca 28/1, office 1, Chisinau MD-2012, Republic of Moldova, Europe
Managing Directors: Ieva Konstantinova, Victoria Ursu
info@omniscriptum.com

Printed at: see last page
ISBN: 978-620-8-62763-8

Índice

LISTA DE SÍMBOLOS E ABREVIATURAS

ADMET	Absorption, Distribution, Metabolism, Excretion, Toxicity
ADT	AutoDock Tools
LBVS	Ligand-Based Virtual Screening
CADD	Computer-Aided Drug Design
MD	Molecular Dynamics
MTT	(3-[4, 5-dimethyl thiozol-2yl]-2yl]-2,5-diphenyl tetrazolium bromide)
RCSB PDB	Research Collaboratory for Structural Bioinformatics Protein Data Bank
Ki	Inhibition Constant
ΔG	Free energy of binding
Rg	Radius of Gyration
RO5	Lipinski Rule of Five
CYP450	Cytochrome P450
ANF	Alpha-naphthoflavone
RMSD	Root Mean Square Deviation
RMSF	Root Mean Square Fluctuation
SASA	Solvent Accessible Surface Area
HIA	Human Intestinal Absorption
BBB	Blood Brain Barrier
PPB	Plasma Protein Binding
MDCK	Madin-Darby Canine Kidney
Caco2	Colorectal Adenocarcinoma
MW	Molecular weight
HBD	Hydrogen Bond Donor
HBA	Hydrogen Bond Acceptor
LogP	Lipophilicity
GPF	Grid Parameter File
DPF	Docking Parameter File

GLG	Grid Log File
DLG	Docking Log File
ns	Nanosecond
ps	Picosecond
kcal/mol	kilocalorie per mole
DSV	Discovery Studio Visualizer

RESUMO

O mecanismo geral do cancro engloba o metabolismo dos agentes cancerígenos em metabolitos altamente electrofílicos capazes de se ligarem ao ADN e a outras macromoléculas, iniciando assim a transformação celular. Uma vez que o mecanismo da carcinogénese é altamente complexo, envolvendo diversos mecanismos celulares na promoção e progressão do cancro, a elucidação dos vários processos subjacentes representa um desafio significativo. A investigação aprofundada sobre a natureza multifacetada da iniciação e do desenvolvimento do cancro, juntamente com os factores de risco e os moduladores associados, resultou na identificação de numerosos marcadores moleculares e celulares específicos de diferentes tipos de cancro. Quase todos os compostos exógenos que entram nas células são metabolizados por enzimas de fase I e de fase II. Durante a biotransformação de pro-carcinogéneos e outros xenobióticos, a ativação das enzimas da fase I e a supressão das enzimas da fase II são necessárias para a manifestação dos seus efeitos mutagénicos, tóxicos ou carcinogéneos. A ativação metabólica, a desintoxicação, a proliferação celular, a morte celular programada, a angiogénese e as metástases têm sido implicadas em vias específicas que conduzem à elucidação de mecanismos oncogénicos. A interação dos xenobióticos-mãe com um determinado alvo pode influenciar de forma positiva, negativa ou neutra as respectivas vias celulares. As isozimas do citocromo P450 (CYP) são alvos terapêuticos promissores contra o cancro da mama induzido pelo dibenzo[a,l]pireno. Este estudo teve como objetivo identificar potenciais moléculas líderes contra o cancro mamário, visando as isozimas CYP1A1, 1A2 e 1B1, utilizando o rastreio virtual baseado em ligandos (LBVS), interações moleculares, simulação de dinâmica molecular (MD) e estudos in vitro. A metodologia LBVS previu 30.500 resultados, que foram subsequentemente reduzidos a

400 através de filtração utilizando a Regra dos Cinco de Lipinski (RO5) e parâmetros ADMET. Estes 400 compostos foram subsequentemente submetidos a acoplamento molecular com as isozimas CYP selecionadas. Os ligandos CHEMBL224064 (CHEMBL1), CHEMBL2420083 (CHEMBL2) e CHEMBL61745 (CHEMBL3) apresentaram afinidades de ligação mais fortes no CYP1A1 (-10,52 kcal/mol), 1A2 (-10,82 kcal/mol) e 1B1 (-10.78 kcal/mol), respetivamente, em comparação com o inibidor conhecido alfa-naftoflavona (ANF) (-9,13 kcal/mol, -9,66 kcal/mol e -9,67 kcal/mol em CYP1A1, 1A2 e 1B1, respetivamente). Estes compostos demonstraram estabilidade com os seus respectivos alvos durante estudos de MD com 50 ns de duração.

Além disso, foram efectuados ensaios de inibição enzimática e de (3-(4, 5-dimetiltiazolil-2)-2, 5-difeniltetrazólio) (MTT) para elucidar e validar o potencial inibitório dos ligandos identificados contra os carcinomas mamários. Além disso, foram realizados estudos de design combinatório, ADMET computacional, docking molecular e MD para identificar inibidores potentes para CYP1A1, 1A2 e 1B1. Inicialmente, o ANF foi utilizado como modelo para rastreio e docking no sítio ativo das isozimas CYP450 para análise do modo de ligação. Os análogos que apresentaram interações óptimas com a proteína alvo foram submetidos a simulações de dinâmica molecular (MD) durante 30 ns. Foram observadas interações de ligação de hidrogénio e ocupação comparáveis durante as simulações de 30 ns. Estes resultados proporcionam um ponto de partida adequado para uma análise mais aprofundada da conceção combinatória de análogos de substratos semelhantes a fármacos químicos. Foram selecionadas moléculas não tóxicas (conforme determinado pela carcinogenicidade e mutagenicidade em modelos de ratazanas) de entre 400 resultados analisados. A aplicação da Regra dos Cinco de Lipinski produziu 88 moléculas que aderiram a três das quatro regras. Foram também aplicados filtros ADME a moléculas filtradas não tóxicas, utilizando critérios como a solubilidade, a absorção, a área de superfície polar e a permeabilidade da barreira hemato-encefálica. Este processo resultou em 56 resultados na biblioteca combinatória. Estudos de acoplamento molecular foram efectuados utilizando as ferramentas AutoDock4.0. A conformação de acoplamento ideal foi selecionada com base em critérios que incluíam interações de ligação de hidrogénio com resíduos do sítio ativo, energia de ligação e melhor adaptação ao sítio ativo das proteínas alvo. Subsequentemente, os dez melhores resultados contra cada isozima foram comparados com DBPD e ANF. Estes resultados demonstraram uma ligação mais forte com as respectivas isozimas em comparação com carcinogéneos e inibidores conhecidos. Além disso, foram efectuados estudos de MD das duas principais moléculas líderes, CYP 1A2, ANF e DBPD, durante 30 ns, o que indicou a estabilidade do ANA8430692, seguido do ANA7923580. Estes análogos podem potencialmente servir como inibidores potentes contra o CYP1A2. Três compostos, nomeadamente CHEMBL1, 2 e 3, apresentaram padrões de ligação e orientação superiores na bolsa de ligação dos respectivos alvos, especificamente CYP1A1, 1A2 e 1B1, e estabeleceram interações moleculares fortemente ligadas e não ligadas, como demonstrado por DBPD e ANF. Os análogos concebidos, especificamente ANA6917483, ANA8430692 e ANA6451816, respetivamente, demonstraram padrões de ligação e orientação superiores na bolsa de ligação das respectivas proteínas-alvo, nomeadamente CYP1A1, 1A2 e 1B1, e estabeleceram fortes interações moleculares ligadas e não ligadas, como demonstrado por DBPD e ANF. Consequentemente, estes compostos podem potencialmente servir como agentes anti-cancro eficazes. No entanto, a estabilidade dos compostos concebidos requer validação através de experiências em laboratório húmido. Este estudo fornece informações significativas sobre o cancro da mama mediado por DBP e a sua prevenção.

Capítulo 1: Introdução e revisão da literatura

1.1 Introdução

O cancro da mama (CM) é o cancro mais frequentemente diagnosticado e a principal causa de morte por cancro nas mulheres em todo o mundo. Cerca de 85% dos tumores malignos ocorrem nos ductos mamários e cerca de 15% surgem nos tecidos glandulares mamários. O crescimento tumoral primariamente assintomático tem origem nos ductos e lóbulos mamários, tendo uma probabilidade reduzida de metástases. Com o passar do tempo, pode espalhar-se dos tecidos circundantes para os gânglios linfáticos da mama e para outros órgãos distantes do corpo. Este último é a principal causa de mortalidade das mulheres em todo o mundo. Cerca de 2,3 milhões de indivíduos sofrem de MC, tendo sido registadas mais de 6 lakh mortes em 2020. Além disso, cerca de 7,8 milhões de mulheres com MC nos últimos cinco anos tiveram sucesso nas suas vidas até ao final de 2020. Em comparação com outros cancros, o número máximo de "anos de vida ajustados por incapacidade (DALY)" é observado na população feminina que sofre de MC, o que o torna um dos tumores malignos mais predominantes a nível mundial. No entanto, os avanços de instrumentos e técnicas sofisticados e as implicações sistemáticas dos programas de deteção precoce que começaram no início de 1980 reduziram cerca de 40% dos casos até 2020 nos países socioeconomicamente privilegiados. No entanto, esses países podem reduzir as taxas de mortalidade entre 2-4% ao ano. Se for atingida uma redução anual de 2,5% a nível mundial, poderão ser reduzidas 2,5 milhões de mortes até 2040.[1-5]

O CM é uma doença não transmissível e não existe qualquer relação entre a sua progressão e desenvolvimento e uma infeção bacteriana e/ou viral, ao contrário do cancro do colo do útero e da infeção pelo papilomavírus humano (HPV). Não existem factores de risco substanciais em quase 50% dos casos, para além do sexo e da idade superior a 40 anos. Os principais factores de risco responsáveis pelo desenvolvimento do MC são a história familiar, a obesidade, o álcool, o excesso de idade, a exposição prolongada à radiação e à poluição ambiental, a gravidez numa idade mais avançada, imediatamente antes do início da menopausa, o tabagismo e a terapia hormonal após a menopausa. [6-8] Segundo a Agência Internacional de Investigação sobre o Cancro (IARC), os casos de todos os tipos de cancro podem duplicar até 2070, em comparação com 2020, se a ocorrência se mantiver ao ritmo atual, especialmente nos países socioeconomicamente mais atrasados. Se os países não conseguirem implementar um planeamento avançado e estratégias inovadoras para prevenir e controlar a doença, o resultado poderá ser um aumento anual de 34 milhões de novos doentes até 2070.[9]

1.1.1 Carcinogéneos

Os agentes cancerígenos são geralmente conhecidos como carcinogéneos. Os compostos químicos classificados como cancerígenos não significam que induzam o cancro. Certos factores cumulativos tornam a população propensa a desenvolver cancro, dependendo da exposição aos carcinogéneos e da sua instabilidade genética. Os carcinogéneos podem aumentar o risco de cancro alterando o metabolismo celular ou danificando o ADN diretamente nas células, o que interfere com os processos biológicos e induz a divisão descontrolada e maligna, conduzindo, em última análise, à formação de tumores. Normalmente, se forem demasiado graves para serem reparados, os danos no ADN conduzem à morte celular programada, mas se a via de morte celular programada estiver danificada, não pode impedir-se de se tornar uma célula cancerígena.[10] Os carcinogéneos químicos podem ser genotóxicos ou não genotóxicos. Os agentes genotóxicos referem-se normalmente a carcinogéneos que se ligam diretamente ao ADN genómico ou o danificam, resultando em mutações que exercem uma atividade promotora de tumores. Os agentes cancerígenos não genotóxicos são caracterizados por uma atividade promotora, modificadora das hormonas, imunossupressora, citotóxica ou de proliferação dos peroxissomas.

1.1.2 Classificação do agente cancerígeno

A egundo o IARC, os compostos químicos foram classificados em quatro grupos: Grupo 1) os compostos ou misturas deste grupo são cancerígenos para os seres humanos. A circunstância de exposição implica exposições carcinogénicas para os seres humanos; Grupo 2A) Os compostos ou misturas são provavelmente carcinogénicos para os seres humanos. Grupo 2B) Agentes químicos com possibilidades mínimas de induzir propriedades cancerígenas na população humana; Grupo 3) Os compostos ou misturas não são cancerígenos.[11] De acordo com o Programa Nacional de Toxicologia (NTP), o Departamento de Saúde e Serviços Humanos dos EUA categoriza os carcinogéneos em dois grupos. O primeiro trata de compostos conhecidos como carcinogéneos para o homem e o segundo contém agentes químicos que se espera racionalmente que sejam carcinogéneos para o homem[12]

1.1.3 Dibenzo[α,/]pireno

Foram relatadas provas escrupulosas sobre o dibenzo[α,/]pireno (DBP) e a sua prevalência na indução de cancro. O DBP é um cristal amarelo-avermelhado inodoro classificado como grupo 2A e carcinogéneo humano estimado experimentalmente pela IARC e pela NTP.[13,14] Forma-se principalmente devido à combustão ineficiente de combustíveis fósseis, carvões, produtos de tabaco, produtos químicos para vaporização, madeiras, artigos de plástico e ossos. Estruturalmente, o DBP (CID: 9119) é um hidrocarboneto aromático policíclico de seis anéis e os seus cinquenta e dois sinónimos designados relacionados conhecidos na base de dados PubChem. Estruturalmente, o DBP apresenta duas ranhuras, conhecidas respetivamente como regiões da baía e do fiorde (Figura 1). Os intermediários formados devido a esta última ranhura são mais susceptíveis de exercer actividades carcinogénicas[15].

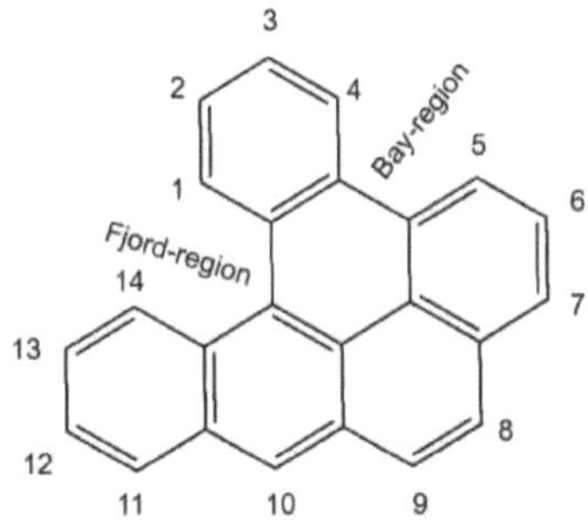

Figura 1.1. Estrutura química do DBP. A numeração indica as posições que podem formar intermediários durante a bioactivação.

1.2 Revisão da literatura

1.2.1 Biotransformação do DBP

As propriedades genotóxicas, mutagénicas e indutoras de cancro do DBP foram bem estabelecidas por várias experiências *in vitro* e *in vivo*. A biotransformação da DBP em intermediários reactivos ao ADN inclui a ativação metabólica em epóxidos de diol através de monooxigenases dependentes do CYP e hidrolases de epóxido ou em metabolitos receptivos através de uma via de oxidação de electrões. Foi demonstrado que a DBP é metabolizada pelas CYP1A1, 1A2, 1B1, 2B6 e 2C9 em sistemas sem células e, além disso, pelas células MCF-7 em epóxidos diastereoméricos de ll,12-diol-13,14 (Figura 2). O DBP é inicialmente oxidado em dibenzo [α, /] pireno-11,12-epóxido usando diversos citocromos CYP450s, seguido pela formação de dibenzo [α, /] pireno-11,12-diol. Além disso, é oxidado num intermediário carcinogénico final, o dibenzo[α,/]pireno-11,12-diol-

13,14-epóxido, através de numerosos CYP450s [17-23].

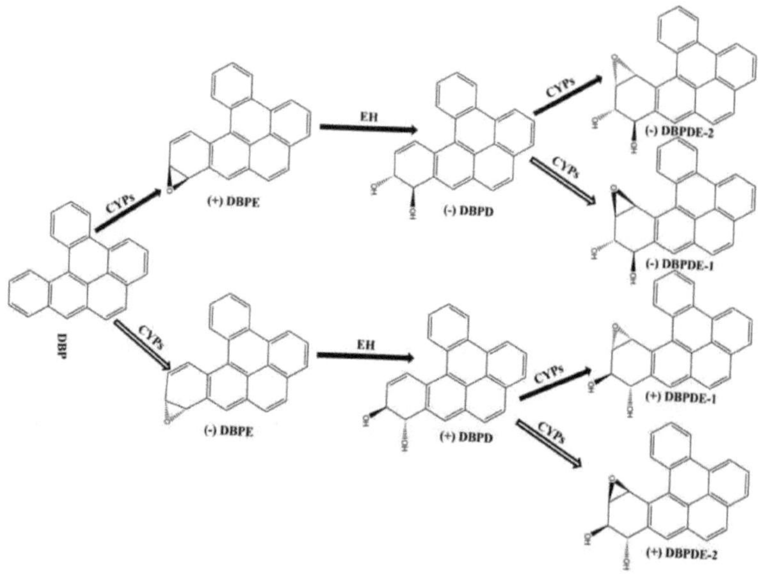

Figura 1.2. Formação e estereoquímica absoluta dos metabolitos do DBP responsáveis pela carcinogenicidade do composto de origem. As setas sólidas representam a via metabólica preferida.

1.2.2 Isozimas do citocromo P450

As CYP450 são enzimas metabolizadoras importantes que merecem grande atenção por parte dos investigadores de todo o mundo devido ao seu papel significativo na bioactivação de compostos químicos, incluindo poluentes ambientais, aditivos alimentares, moléculas de medicamentos, mutagénicos, carcinogénicos e adulterantes, seguida de desintoxicação através de enzimas metabolizadoras de segunda fase, excretando assim os intermediários indesejáveis formados durante a ativação metabólica dos compostos originais. A maioria dos HAP produz metabolitos carcinogénicos após a bioactivação através do CYP450.[24-28] Além disso, quase setenta por cento da bioactivação dos xenobióticos é feita através das isoenzimas CYP450 (Figura 3).

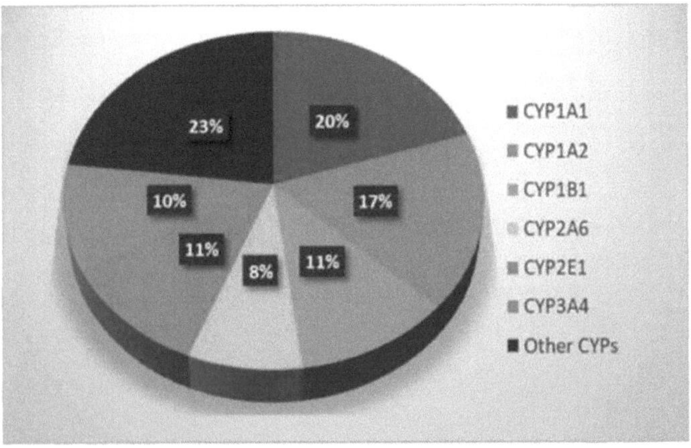

Figura 1.3. Contribuição percentual dos CYP450 na bioactivação metabólica dos PAH.[28]

A maioria dos estudos revela que a biotransformação do DBP no seu metabolito carcinogénico se processa através do CYP1A1, 1A2 e 1B1. O destino celular do DBP como carcinogéneo mamário é apresentado na Figura 4.[15,29,30]

1.2.3 Bioactivação mediada pelo recetor de hidrocarbonetos de arilo

O recetor de hidrocarbonetos arílicos (AhR) desempenha um papel fundamental na bioactivação do DBP, tal como acontece com outros PAH. O acoplamento do DBP ativa o AhR, resultando na sua separação das entidades que o ligam ao complexo, por exemplo, a proteína de choque térmico 90, a proteína de interação com o recetor de hidrocarbonetos arilo e o coactivador do sistema de quaperonas Hsp90/70, facilitando assim o seu movimento no interior do núcleo. Além disso, o complexo AhR-DBP liga-se ao translocador nuclear AhR e, assim, o complexo resultante é ativado através da fosforilação do resíduo de tirosina no terminal C. O complexo AhR-ARNT encontra elementos de resposta aos xenobióticos nos sítios promotores das respectivas isozimas CYP450 para ativar os seus genes. Os genes *CYP1A1, 1A2, 1B1* são modulados através interação molecular de diferentes coactivadores e reguladores de transcrição factores.[25,31,32]

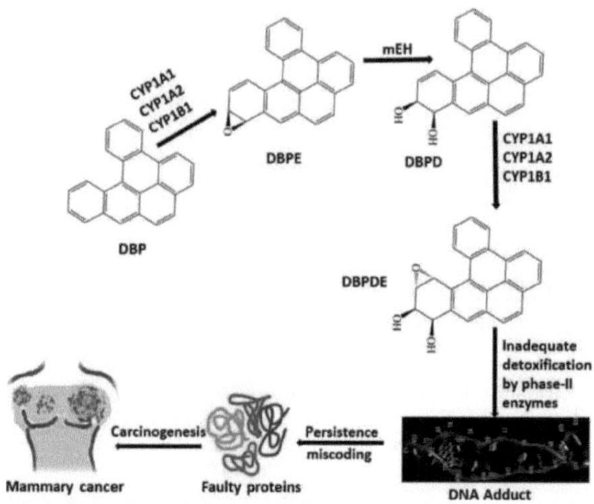

Figura 1.4. O destino celular do DBP como carcinogéneo mamário[29,30].

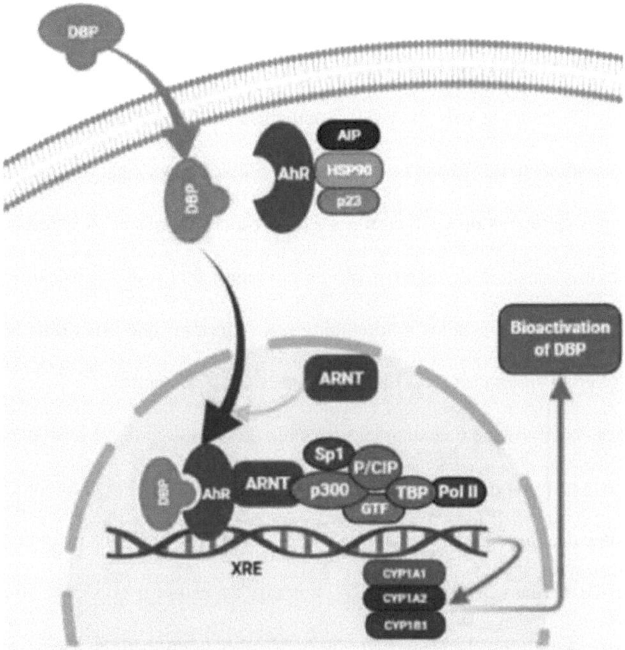

Figura 1.5. Bioactivação de DBP mediada por AhR.[25,31,32]

1.2.3 Desintoxicação de DBP

O equilíbrio entre a ativação metabólica e vários processos de desintoxicação influencia o nível intracelular de formação de adutos de diol-epóxido-DNA. Uma vez que os diol-epóxidos da região da baía, estericamente impedidos, apresentam uma aparente baixa afinidade para a epóxido hidrolase microssomal e as suas meias-vidas são substancialmente aumentadas por um efeito de estabilização dos lípidos intracelulares, a hidrólise espontânea e catalisada por enzimas a tetraóis menos tóxicos parece ser de menor importância na defesa celular contra os diol-epóxidos, sendo a conjugação catalisada pela glutationa S-transferase (GST) com glutatião[33-35].

As GST estão envolvidas no metabolismo de uma variedade de compostos xenobióticos, incluindo o DBP. Estas enzimas catalisam a conjugação de diversos compostos electrofílicos com glutatião, dando origem, na maioria dos casos, a metabolitos menos reactivos e solúveis em água que são facilmente excretados. Nos seres humanos, foram identificadas até à data quatro classes de isoenzimas GST citosólicas (α, μ, π e θ), sendo várias delas polimórficas. Vários estudos epidemiológicos investigaram a associação dos polimorfismos genéticos da GST com o risco de cancro da mama. A ingestão de carne carbonizada e o consumo de cigarros são as principais fontes de exposição a PAH nos seres humanos. Alguns estudos epidemiológicos sugeriram que estes dois factores do estilo de vida podem estar associados ao risco de cancro da mama[36-40].

As diferenças na atividade e enantioselectividade dos metabolitos de DBP dependem da sua geometria e configuração absoluta. Por exemplo, os diolepóxidos estereoisoméricos da região da baía, em especial os diastereómeros sintéticos, foram, na maioria dos casos, conjugados de forma eficiente pela GST humana da classe μ (GSTM), com grandes variações de enantiosselectividade entre 50 e 90%. Em contrapartida, a GST humana da classe π mostrou, na maioria dos casos, apenas uma atividade apreciável em relação aos anti-diol-epóxidos da região da baía e uma elevada preferência pela conjugação dos enantiómeros com configuração (R,S,S,R)-[41-43].

Para além das isoenzimas GST, outra enzima essencial da fase II, a arilamina N-acetiltransferase (NAT), desempenha um papel essencial na desintoxicação das aminas heterocíclicas e de outros xenobióticos. Estas enzimas citosólicas estão presentes em eucariotas e procariotas. Os seres humanos têm duas isozimas de arilamina N-acetiltransferases (NAT1 e NAT2) que são 81% homólogas, mas diferem na sua distribuição nos tecidos e na especificidade do substrato. Os fenótipos de acetilação lenta da NAT2 mostraram uma relação com o cancro da bexiga urinária. No entanto, os polimorfismos da NAT relacionados com os cancros do cólon, da mama, do pulmão e da próstata são mais controversos[44-50].

O estudo computacional anterior mostra a ordem de interação de ligação da GSTP1, GSTM1 e GSTA1 com (-)-*ant/-DBPDE*, contrariamente aos resultados do laboratório húmido que enfatizaram a principal atividade enzimática da GSTA1. No entanto, não existem grandes diferenças reflectidas nos resultados */n s/l/co* acima referidos. Isto significa que a (-)-GSTA1, a GSTM1 ou a GSTP1 podem conjugar (-)-*ant/-DBPDE*. Além disso, as GSTA1, A2, A3, A4 e A5 (A1>A3>A4>A2>A5) também mostraram uma atividade de ligação plausível com *(-)-ant/-DBPDE*, o que está quase próximo dos dados experimentais.[51-54] No caso de (+)-*syn-DBPDE*, a propensão de ligação da GSTM1 foi maior do que a da GSTP1 e da GSTA1, o que é um pouco semelhante aos resultados do laboratório húmido. Além disso, os resultados anteriores revelaram uma interação molecular semelhante da GSTA1 tanto com *(-)-ant/-DBPDE* como com (+)-*syn-DBPDE*. Apesar do acima exposto, a interação molecular da GSTA1, M1 e P1 com (+)-*ant/-DBPDE* (GSTA1>M1>P1) e (-)-*syn-DBPDE* (GSTM2>A4>P1) é diferente e mostrou uma atividade comparativamente baixa. A afinidade de ligação da NAT2 é consistente e maior do que a da NAT1 em (±)-*ant/-DBPDE* ou (±)-*syn-DBPDE*, concordando com os dados experimentais.[51,52]

1.2.4 Formação de adutos de ADN por diol-epóxidos de DBP

Os diol-epóxidos de DBP (DBPDE) formam adutos com ácidos nucleicos e proteínas através de interações covalentes. A formação do aduto ocorre devido ao carbono oxiranil benzílico com resíduos de amino exocíclicos dG (desoxiguanosina) e dA (desoxiadenosina). Estudos anteriores mostram que os diol-epóxidos das regiões da baía mostram afinidade para o resíduo N2-amino de dG, enquanto os intermediários da região da fjorda formam o resíduo N6-amino de dA. Por exemplo, o (+)-anti-BPDE, um metabolito da região da baía, apresenta mais de noventa por cento de afinidade para formar aductos com dG, enquanto o (-)-anti-DBPDE, um metabolito da região da fiorde, forma mais de setenta e cinco por cento de aductos com aductos dA. A formação de adutos de ADN com os intermediários da região da baía e da região do fiorde deve-se à sua variação estrutural.[55-64]

Os intermediários diol-epóxido de DBP, ou seja, (±)-anti-DBPDE e (±)-syn-DBPDE, não formam o aduto N6-dA. A formação preferencial de adutos é mostrada com dT e dG. O cis e o trans- (-)-anti-DBPDE e o (+)-syn-DBPDE apresentaram resultados semelhantes aos acima referidos. Estruturalmente, o produto cis é menos flexível do que os intermediários trans, uma vez que a posição cis mostra dois grupos hidroxilo estericamente aglomerados no mesmo local do anel benzílico, enquanto na transposição, ambos os grupos hidroxilo estão localizados em lados opostos. O produto derivado do diol-epóxido pode ser relativo ao sulco maior ou menor da estrutura helicoidal do ADN, dependendo da configuração estrutural, cis ou trans, e da preferência pela base dA ou dG. Um estudo *in silico* anterior mostra que o aduto N6-dA com trans-(-)-anti-DBPDE e o aduto N6, N7-dA são formados com cis-(-)-anti-DBPDE, trans-(+)-syn-DBPDE e cis-(+)-syn-DBPDE, apoiando os resultados experimentais determinados até à data[65-71]. Além disso, Ahmad KMK *et al.*, 2020, também previram que a tendência das interações de ligação dos DBPDEs com o ADN é mais notável do que os alvos moleculares das vias NER, concluindo que a remoção inadequada ou a reparação parcial de aductos volumosos podem ser submetidas devido às suas fracas forças de ligação. A ligação substancial dos DBPDEs ao ADN suporta mais a formação de adutos químicos do que a sua remoção ou reparação[65].

1.2.5 Proliferação celular mediada por DBP

Normalmente, a apoptose ocorre através da via mitocondrial ou intrínseca, facilitada por proteínas da família Bcl-2, quando uma célula é sujeita a stress. Vários membros desta família, com propriedades antiapoptóticas, regulam o complexo fenómeno da morte celular programada[72-76]. A sobrevivência ou morte de uma célula depende do equilíbrio entre as proteínas pró-apoptóticas e antiapoptóticas. A desregulação da BAX ou a regulação positiva da Bcl-2 e da Bcl-XL dificulta a apoptose ou vice-versa.[77-81] Uma das proteínas nucleares cruciais, a p53, transloca-se para a mitocôndria e interage com as proteínas antiapoptóticas, nomeadamente a Bcl-2 e a Bcl-XL, favorecendo assim a apoptose. Pode induzir a morte celular programada através da interação com ARAF1, um membro-chave do complexo do apoptossoma, através da ativação da Caspase-9. A desregulação da p53 pode dificultar o controlo do mecanismo do ciclo celular, suprimindo reguladores críticos das vias pró-apoptóticas.[82-89] A desativação da proteína RB leva à ativação e libertação de E2F, induzindo assim a expressão de P14ARF, um regulador negativo de MDM2. O próprio MDM2 é um regulador negativo do p53, a inibição do primeiro aumenta a expressão do segundo, resultando na ocorrência de morte celular programada.[90-92] Além disso, a proteína E2F pode ativar os membros da família Bcl-2 e CASPASE através de interações moleculares em cascata.[93,94]

Além disso, Khan *et al.,* 2018 previram as interações de ligação molecular de DBPDEs com CASPASES, BAX, Bcl-2, MDM2, p53, complexo p53-MDM2, p21, p16, complexo CyclinD1- CDK4, complexo CyclinE1-CDK2, H-Ras, K-Ras, BRCA1 e BRCA2. Eles exibiram a forte ligação da Caspase-9 em comparação com a Caspase-8 e a Caspase-3 com (-) - *a / t / -DBPDP* e (·) *-sτa-DBPDP*. A Caspase-9 e a Apaf-1 activam a protease que isola e ativa a Caspase-3 e, assim, a execução da apoptose. No entanto, pode ser possível que, devido a uma interação sólida, a indisponibilidade da Caspase-9 dificulte a reação com a Apaf-1, que pode inibir a apoptose. Além disso, a forte interação dos DBPDEs com p53 e a fraca ligação com p21, um alvo a jusante de p53 e inibidor de CDKs, p16, um regulador negativo do ciclo celular, leva à supressão das suas funcionalidades esperadas. Isto significa que a desregulação dos pontos de controlo do ciclo celular conduz à proliferação celular anormal, ao crescimento e ao desenvolvimento de células oncogénicas.[95]

1.3 Finalidades e objectivos

Nas últimas décadas, os sectores farmacêuticos têm vindo a ganhar uma atenção significativa no sentido de decifrar alvos moleculares terapeuticamente eficazes, utilizando abordagens híbridas de genómica, proteómica, biologia de sistemas e ciências biomédicas experimentais tradicionais. No entanto, apesar do boom de inovação na tecnologia de alto rendimento, o funcionamento da investigação e desenvolvimento tem sido aperfeiçoado lentamente, o que resulta em resultados tardios, especialmente na descoberta e desenvolvimento de medicamentos. Por exemplo, a identificação de um novo composto bioativo a partir de milhares de moléculas líderes demora cerca de dez anos e custa cerca de 2 a 3 mil milhões de dólares, desde o trabalho de bancada até aos ensaios clínicos, à aprovação regulamentar e à colocação no mercado. A modelação biomolecular, a aprendizagem automática, a inteligência artificial e a conceção de medicamentos assistida por computador (CADD) podem acelerar o processo, reduzir as surpresas e prever as propriedades, reduzindo assim o tempo e o custo da I&D. A identificação de tais compostos terapêuticos através do rastreio virtual seguido da semelhança com o fármaco, filtragem ADMET, previsão do metabolismo CYP450 e propensões de interação com outros alvos moleculares terapêuticos de sistemas biológicos com baixa toxicidade são estratégias preventivas promissoras contra doenças baseadas no estilo de vida. O segredo para decifrar novas moléculas líderes com base no seu reconhecimento molecular é a capacidade de um ligando reconhecer outro. As interações moleculares constituem a base do reconhecimento molecular. As funções biológicas e celulares ocorrem através de várias interações químicas entre biomacromoléculas e ligandos. A eficácia dos ligandos como inibidores é avaliada em termos de ΔG e Ki em CADD. Neste sentido, o principal objetivo do trabalho atual é encontrar novos candidatos eficazes, mas economicamente viáveis, para a prevenção e o tratamento do cancro da mama mediado por DBP, utilizando abordagens interdisciplinares.

No trabalho proposto pretendemos identificar novas moléculas líderes terapêuticas contra o cancro mamário induzido por dibenzo[α,*l*]pireno utilizando a integração de abordagens *in silico* e *in vitro* com os seguintes objectivos:

- Identificação e caraterização do(s) alvo(s) de drogas envolvido(s) no cancro mamário induzido pelo dibenzo[α,*l*]pireno.
- Identificação, conceção e otimização de pistas e estudo da sua interação molecular.
- Estudo de simulação de dinâmica molecular de potencial(is) chumbo(s).
- Validação *in vitro* e explicação da melhor pista.

1.4 Significado

As moléculas de chumbo com propriedades ricas em electrões ligam-se facilmente às proteínas e receptores-alvo nos organismos através de forças não covalentes como as de van der Waals, as electrostáticas, as ligações de hidrogénio, as ligações de coordenação e as interações hidrofóbicas, tendo assim numerosas aplicações na descoberta de medicamentos. No trabalho proposto, tenta-se encontrar novas pistas com toxicidade negligenciável através da conceção computacional, para além de procurar e identificar agentes anticancerígenos a partir de bibliotecas existentes que possam suprimir a atividade do(s) alvo(s) molecular(ais) envolvido(s) na progressão do cancro mediada pelo DBP, direta ou indiretamente, através da integração de abordagens *in silico* e *in vitro*. Além disso, este trabalho fornecerá uma visão estrutural dos pormenores mecanicistas da inibição da DBP e do início do cancro mamário mediado pelos seus metabolitos.

Capítulo 2: Identificação computacional de potenciais moléculas líderes contra as isozimas CYP450 1A1, 1A2 e 1B1

2.1 Introdução

O DBP é um dos hidrocarbonetos aromáticos policíclicos (PAH) ambientais pró-carcinogénicos mortais produzidos pela oxidação parcial de madeiras, carvões, artigos de plástico, combustíveis fósseis e produtos do tabaco. É constituído por seis anéis de benzeno fundidos e apresenta estruturalmente duas fendas, conhecidas respetivamente como regiões de fiorde e de baía. A primeira produz, comparativamente, mais intermediários carcinogénicos[96-99]. A biotransformação do DBP passa por três etapas consecutivas. Na primeira etapa, as isoenzimas do citocromo P450 (CYP), especialmente CYP1A1, 1A2 e 1B1, metabolizam o DBP em dibenzo[α,l]pireno-11,12-epóxido (DBPE). A segunda etapa lida com a hidrolase de epóxido microssomal (mEH), que converte o DBPE em dibenzo[α,l]pireno-11,12-dihidrodiol (DBPD). No passo final, novamente as isoenzimas CYP transformam o DBPD nos seus metabolitos carcinogénicos finais, o dibenzo[α,l]pireno-11,12-dihidrodiol-13,14-epóxido (DBPDE).[100,101] O metabolito mais potente DBPDE conhecido entre outros PAHs relatados até à data exerce mais propensões para o cancro da mama do que outros cancros humanos.[102,103]

As CYP têm merecido uma atenção significativa por parte dos cientistas de todo o mundo devido ao seu papel diversificado no metabolismo de vários produtos químicos, poluentes, contaminantes alimentares, medicamentos e outros xenobióticos, facilitando a desintoxicação das enzimas metabolizadoras de fase II, evitando assim efeitos indesejáveis na saúde humana. No entanto, a maioria dos HAP produz metabolitos reactivos carcinogénicos que atenuam os fenómenos carcinogénicos após a bioactivação através das CYP. Mais de 70% da biotransformação dos HAP é efectuada através dos

CYP1A1, 1A2, 1B1, 2A6, 2E1 e 3A4[103-107]. Os CYP são enzimas monooxigenase contendo heme, que representam mais de 13 000 e 400 genes sob a forma de superfamílias e famílias em todos os reinos conhecidos. Nos seres humanos, foram registados cerca de 57 genes e 58 pseudogénios relacionados com várias famílias (18) e subfamílias (44).[104] Os CYP podem ser classificados de várias formas, desempenhando um papel na desintoxicação de vários compostos químicos, na biossíntese de substâncias endógenas, ligados à membrana, como nos organismos superiores, e tipos solúveis, como nos organismos inferiores. As CYP dos organismos superiores, que se encontram no retículo endoplasmático (RE), actuam através dos sistemas de flavina adenina dinucleótido (FAD) e flavina mononucleótido (FMN) redutase. O processo de transferência de electrões nos procariotas e nos CYP mitocondriais ocorre através da FAD redutase e de sistemas em cascata de ferro-enxofre. As CYPs que desempenham múltiplas funções não relacionadas, por exemplo, a biossíntese de compostos endógenos, são referidas como enzimas "moonlighting", enquanto as que desempenham um papel no metabolismo de xenobióticos são conhecidas como enzimas "non-moonlighting".[103,104] Os factores de transcrição geral (GTFs) e p/CIP conseguem, através da interação da proteína de ligação TATA (TBP) e da RNA polimerase II, induzir as enzimas CYPs, que mais tarde metabolizam o DBP no seu intermediário carcinogénico mais perigoso, o DBPDE.[104,108,109] A bioactivação do DBP ocorre através do acoplamento com o recetor de hidrocarbonetos arilo (AhR), como acontece com a maioria dos PAH, incluindo o protótipo do PAH benzo[α]pireno (BP). Após a ligação do DBP, o AhR separa-se dos seus parceiros reguladores e activadores complexos, nomeadamente a proteína de interação com o recetor de hidrocarbonetos arilo (AIP), a proteína de choque térmico 90 (Hsp90) e a p23 (coactivador do sistema de chaperona Hsp90/70) e desloca-se para o núcleo. O complexo

DBP-AhR liga-se ao translocador nuclear de AhR (ARNT). O complexo DBP-AhR-ARNT é ativado através da fosforilação de aminoácidos de tirosina no terminal C do AhR. Além disso, o AhR-ARNT identifica elementos de resposta a xenobióticos (XREs) nos respectivos sítios promotores dos CYPs para modular os seus genes. Os genes das enzimas CYP1A1, 1A2, 1B1 são atenuados através da interação molecular de vários coactivadores e factores de regulação da transcrição, nomeadamente a proteína de especificidade 1 (Sp1), p300, a proteína associada ao co-integrador . O estudo visa inibir as enzimas CYP1A1, 1A2 e 1B1 através de novas moléculas líderes, prevenindo assim o cancro mamário carcinogénico induzido pelo DBPDE. A alfa-naftoflavona (ANF), um inibidor conhecido de CYPs selecionados, foi utilizada como modelo para descobrir potenciais moléculas líderes utilizando abordagens computacionais e bioinformáticas integradas, nomeadamente, rastreio virtual baseado em ligandos (LBVS) de elevado rendimento, filtragem da semelhança com fármacos, estudos de acoplamento e simulações MD (MDS). A análise pós-docking dos principais êxitos, a simulação dinâmica e a sua comparação com o inibidor conhecido ANF produzem uma das melhores moléculas principais. Os resultados do estudo revelam uma visao mecanicista substancial para a terapia direcionada e a prevenção de malignidades mamárias induzidas por PAH.

2. 2 Materiais e métodos

2.2.1 Recuperação da estrutura 3D das isozimas CYP

A estrutura cristalina em 3D do CYP1A1 (4I8V), CYP1A2 (2HI4) e CYP1B1 (3PM0) complexada com ANF (CID: 11790) foi obtida a partir do banco de dados de proteínas (PDB) do Research collaboratory for structural bioinformatics (RCSB) (https://www.rcsb.org/). O ligando ANF foi truncado a partir do complexo e da apoproteína, e o grupo heme foi considerado para tornar os ficheiros de entrada compatíveis com as interações moleculares através do truncamento de heteroátomos, iões e moléculas indesejados. As coordenadas 3D do co-complexo ANF foram utilizadas para estudar novas moléculas químicas identificadas. O campo de forças relevante e o algoritmo de otimização de energia foram utilizados para obter proteínas energeticamente minimizadas e optimizadas.[110,111]

2.2.2 Rastreio virtual, análise ADMET e otimização

A técnica híbrida, incluindo impressões digitais moleculares, electroforma, espectroforese, IT de forma e IT de alinhamento da abordagem LBVS, procurou vários resultados semelhantes à molécula ANF em bases de dados virtuais publicamente disponíveis, nomeadamente DrugBank, ChEMBL do EMBL-EBI, base de dados Chemical Entities of Biological Interest (ChEBI), base de dados GPCR-Ligand Association (GLASS), base de dados Human Metabolome Database (HMDB) e base de dados ZINC.[112,113] Os ligandos identificados foram testados com base na regra de Lipinski dos cinco (RO5) (Peso molecular <= 500 Da; HBD <= 5; HBA <= 10; LogP <= 5). Os ligandos que satisfizeram a RO5 foram peneirados através de descritores de absorção, distribuição, metabolismo, eliminação e toxicidade (ADMET) utilizando o servidor PreADMET.[114-117] Os ligandos que obtiveram descritores ADMET foram preparados para estudos de interação molecular através da atribuição de algoritmos de minimização e otimização de energia adequados.[110,111]

2.2.3 Docagem molecular

A interação *molecular* dos ligandos selecionados com as isozimas do CYP foi efectuada utilizando o AutoDock Tools 4.0 (ADT) para obter um modo de ligação plausível. Foram preparados quatro ficheiros de entrada: ficheiros pdbqt do ligando e da proteína, ficheiro de parâmetros da grelha e ficheiro de parâmetros de acoplamento para executar o ADT.

A grelha foi gerada de forma a que o ligando tivesse espaço suficiente para se mover livremente dentro dela. 62 pontos de grelha separam cada um dos eixos x, y e z, e o espaçamento entre as duas grelhas é de 0,92. Vinte execuções para cada molécula de ligando utilizada na ADT. A análise pós-docking mostrou uma das melhores conformações do ligando com energia de ligação mínima (ΔG), que foi levada adiante para uma análise de simulação molecular posterior.[118-120]

2.2.4 Simulação MD

A MDS de 50 ns foi utilizada para avaliar a flexibilidade e a estabilidade de CHEMBL1, 2 e 3 com as enzimas CYP1A1, 1A2 e 1B1, respetivamente, a 300 K, utilizando o pacote Groningen Machine for Chemical Simulations (GROMACS). O servidor PRODRG foi utilizado para gerar ficheiros de topologia e de parâmetros de campo de força (ffp) de todos os ligandos. Os complexos CYP1A1-ANF, CYP1A2- ANF, CYP1B1-ANF, CYP1A1-CHEMBL1, CYP1A2-CHEMBL2 e CYP1B1- CHEMBL3 foram absorvidos numa caixa de água ortorrômbica com configurações de borda de 10 Â. Os iões Na+ e Cl- foram adicionados como agente neutralizante e para preservar a concentração fisiológica de 0,15 M. O sistema preparado foi minimizado energeticamente em 2000 passos usando o algoritmo de descida mais acentuada. Duas fases viz., NVT (número constante de partículas, volume e temperatura) e NPT (número constante de partículas, pressão e temperatura) foram utilizadas para alcançar o processo de equilíbrio. Após o equilíbrio, foi utilizada a técnica de Ewald de malha de partículas suave, seguida da execução de fases de produção com 50 ns de duração. A análise de todas as trajectórias foi realizada através de diferentes utilitários de comando do GROMACS.[121-123] O fluxograma da metodologia adoptada é apresentado na Figura 2.1.

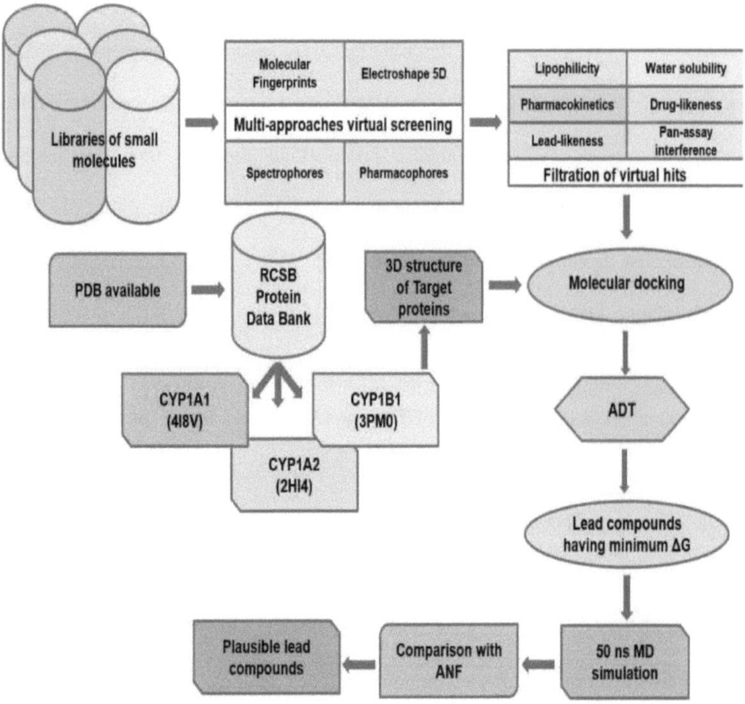

Figura 2.1. Fluxograma da metodologia adoptada.

2.3 Resultados e discussão

2.3.1 Semelhança com o medicamento e filtragem ADMET.

O LBVS previu 38 000 resultados químicos entre 11 175 625 compostos de várias bibliotecas virtuais da base de dados Swiss Similarity.[113] A filtragem RO5 produziu 38 000 moléculas, das quais 400 foram bem sucedidas para HIA (absorção intestinal humana; intervalo de atividade: fraca - 0~20%, moderada - 20~70%, elevada - 70~100%), BBB (barreira hemato-encefálica; compostos activos do SNC (+): >1, compostos inactivos do SNC (-): <1), PPB (ligação às proteínas plasmáticas; produtos químicos fortemente ligados > 90%, produtos químicos fracamente ligados < 90%), MDCK (rim canino de Madin-Darby; inferior-< 25, moderado-5~500, superior- > 500), permeabilidade celular, permeabilidade das células epiteliais humanas heterogéneas Caco2 (inferior-<4, moderada-4~70, superior->70) e modelos de mutagenicidade e carcinogenicidade em ratos e ratazanas que filtram compostos não tóxicos como descritores ADMET.[125]

2.3.2. Docagem molecular e simulação MD.

Os 400 compostos ADMET satisfatórios semelhantes ao ANF foram submetidos a acoplamento com cada CYP1A1, 1A2 e 1B1, prevendo as interações de ligação mais prováveis. O DBPD e o ANF apresentaram valores de ΔG de -7,12 kcal/mol e -9,13 kcal/mol com o CYP1A1, -9,93 kcal/mol e -9,66 kcal/mol com o CYP1A2, -10,08 kcal/mol e -9,67 kcal/mol com o CYP1B1, respetivamente. Respetivamente, 83, 32 e 30 ligandos apresentaram, comparativamente, melhores interações em termos de energia livre de ligação ΔG (kcal/mol) com CYP1A1, 1A2 e 1B1. A análise de docking dos 10 ligandos principais com cada isozima CYP é apresentada na Tabela 2.1, 2.2 e 2.3.

Tabela 2.1. Interações moleculares dos 10 principais ligandos, ANF e DBPD com o CYP1A1.

S. No.	Ligands	ADT (ΔG)	H-bonds
01.	CHEMBL224064	-10.52	V387- HN...O12-LIG, R396-HE...O12-LIG
02.	CHEMBL2420082	-09.99	S87- HG...O-LIG
03.	CHEMBL2420083	-10.46	S87- HG...O-LIG
04.	CHEMBL2420094	-10.35	S87- HG...O-LIG
05.	CHEMBL2420096	-10.04	D285- OD1...H-LIG
06.	CHEMBL2420099	-09.85	S87- HG...O-LIG
07.	CHEMBL2431801	-09.99	S87- HG...O-LIG
08.	CHEMBL595616	-10.28	D285- OD1...H-LIG, I414- O...H-LIG
09.	CHEMBL595631	-10.12	W96- HE1...N-LIG, R420- HH11...N-LIG
10.	CHEMBL487213	-09.87	S87- HG...O-LIG
11.	ANF	-09.13	Nil
12.	DBPD	-07.12	V453-NH...O2-LIG

Tabela 2.2. Interações moleculares dos 10 principais ligandos, ANF e DBPD com o CYP1A2.

S. No.	Ligands	ADT (ΔG)	H-bonds
01.	CHEMBL2420091	-10.45	R75-HH12...O-LIG
02.	CHEMBL2420094	-10.58	R219-HH12...O-LIG
03.	CHEMBL595616	-10.73	R423-O...H-LIG, D287-OD1...H-LIG
04.	CHEMBL2331821	-10.42	R75-HH12...O-LIG
05.	CHEMBL2420097	-10.65	R75-HH12...O-LIG
06.	CHEMBL2431801	-10.48	R75-HH12...O-LIG
07.	CHEMBL2420083	-10.82	G14-NH...O5-LIG
08.	CHEMBL2420100	-10.76	N157-HD2...O-LIG, R219-HH21...O-LIG
09.	CHEMBL127267	-10.57	I353-H...N-LIG
10.	CHEMBL2431819	-10.52	I426-H...O-LIG
11.	ANF	-09.66	R263-NH...O1-LIG
12.	DBPD	-09.93	A102-O...H42-LIG

Tabela 2.3. Interações moleculares dos 10 principais ligandos, ANF e DBPD com o CYP1B1.

S. No.	Ligands	ADT (ΔG)	H-bonds
01.	CHEMBL61745	-10.81	N353-HE2...F-LIG
02.	CHEMBL241830	-10.44	E162-H...O-LIG
03.	CHEMBL2420091	-10.46	R50-HH12...O2-LIG, I391-O...H-LIG
04.	CHEMBL2420099	-10.51	D262-OD2...H-LIG
05.	CHEMBL595616	-10.55	D262-OD2...H-LIG
06.	CHEMBL595631	-10.68	D262-OD2...H-LIG
07.	CHEMBL2420097	-10.63	D262-OD2...H-LIG
08.	CHEMBL2393069	-10.78	D255-OD2...H-LIG
09.	CHEMBL595407	-10.58	I391-O...H-LIG
10.	CHEMBL288714	-10.55	K383-HZ1...N-LIG
11.	ANF	-09.67	R373-HH12...O2-LIG
12.	DBPD	-10.08	W354-HE1...O2-LIG

Os ligandos tabulados mostram uma afinidade de ligação mais significativa do que o ANF e o DBPD com as respectivas isozimas CYP1A1, 1A2 e 1B1. De entre todos os ligandos, o CHEMBL224064 (CHEMBL1) apresentou uma melhor interação com a CYP1A1 (ΔG: -10,52 kcal/mol) juntamente com duas ligações H (V387-HN...O12-LIG, R396-HE...O12-LIG), apoiando a estabilidade da molécula acoplada. As interações moleculares detalhadas de CHEMBL1, ANF e DBPD com CYP1A1 são ilustradas em Ligplot[126] (Figura 2.2).

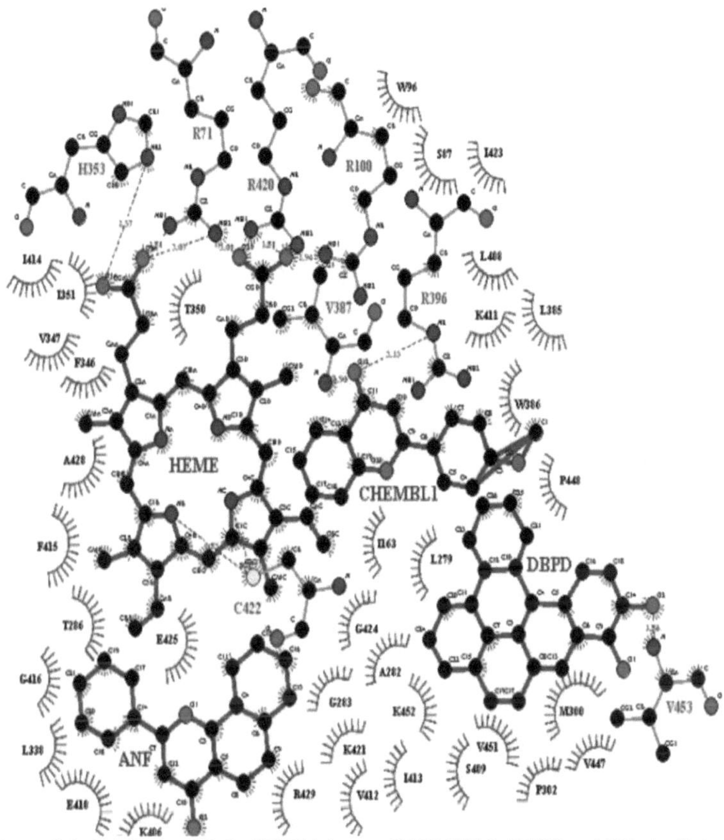

Figura 2.2. O Ligplot 2D de CYP1A1 com CHEMBL1, DBPD e ANF. As linhas a tracejado (verde) e os arcos representam, respetivamente, ligações H e contactos hidrofóbicos.

CHEMBL1 também se encontra mais próximo do grupo heme em comparação com DBPD e ANF. A DBPD forma uma ligação H (V453-NH...O2-LIG), enquanto os resíduos hidrofóbicos estão em contacto próximo com o ANF sem qualquer ligação H. Do mesmo modo, o CHEMBL2 apresentou uma forte interação com o CYP1A2 (ΔG: -10,82 kcal/mol) com uma ligação H (G14-NH...O5-LIG), tornando o complexo acoplado estável. Além disso, também se adapta à fenda do heme, em comparação com o DBPD e o ANF. Uma ligação H é também formada por cada DBPD (A102- O...H42-LIG) e ANF (R263-NH...O1-LIG). A ilustração pormenorizada de CHEMBL2, DBPD e ANF com CYP1A2 é apresentada na Figura 2.3.

À semelhança CHEMBL1 e 2, o CHEMBL3 interagiu mais eficazmente com o CYP1B1 (ΔG: -10,81 kcal/mol), tornando o complexo acoplado estável com a formação de uma ligação H (N353-HE2...F- LIG). Além disso, também está ancorado perto do heme, ao contrário do DBPD e do ANF. W354 e R263 formam ligações H com, respetivamente, o segundo e o primeiro oxigénio de DBPD e ANF. Dez resíduos de aminoácidos do CYP1B1, nomeadamente arginina50, metionina65, treonina327, isoleucina328, glutamina353, isoleucina391, serina393, arginina397, cisteína399 e isoleucina400, apresentaram interações significativas com o ligando CHEMBL3 e com o sistema de anéis heme-conjugados. A interação molecular detalhada de CHEMBL3, DBPD e ANF com CYP1B1 é exemplificada na Figura 2.4.

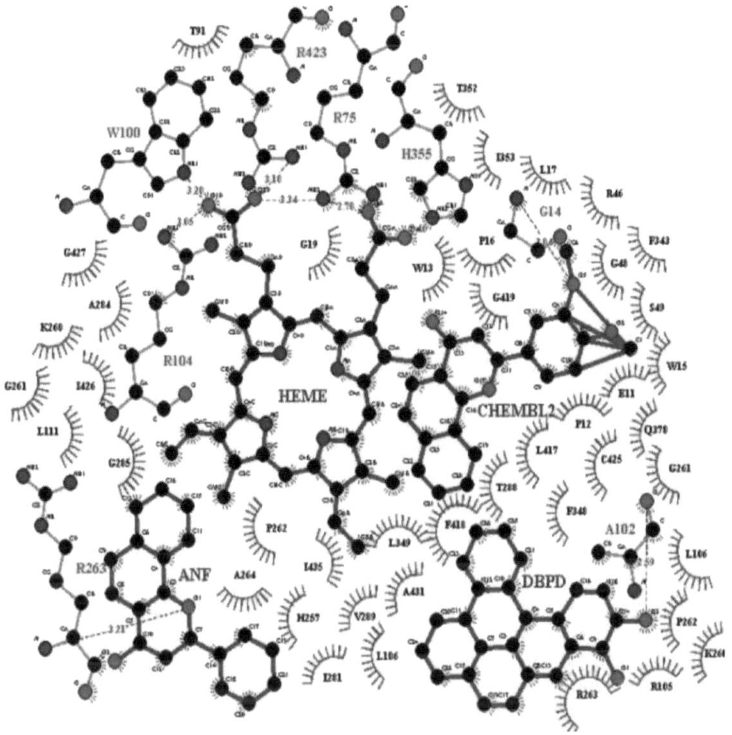

Figura 2.3. O Ligplot 2D do CYP1A2 com CHEMBL2, DBPD e ANF. As linhas a tracejado (verde) e os arcos representam, respetivamente, ligações H e contactos hidrofóbicos.

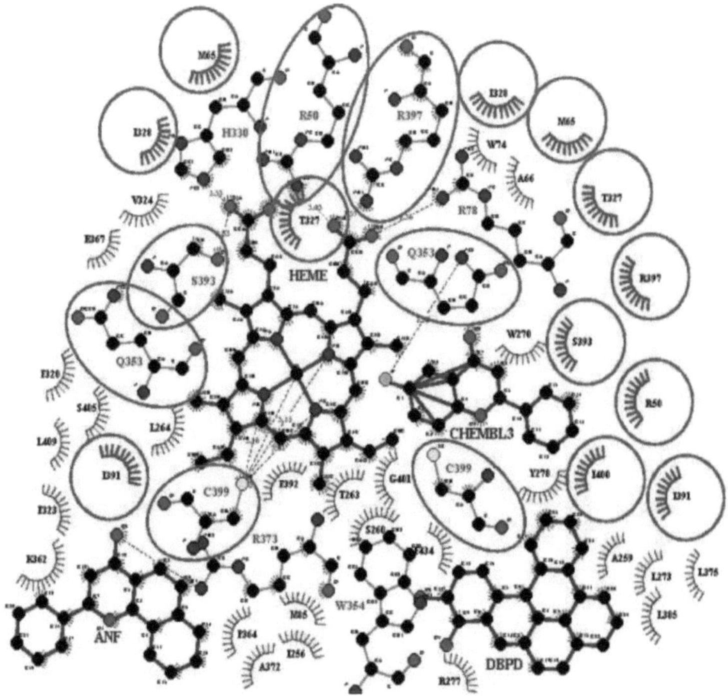

Figura 2.4. O Ligplot 2D do CYP1B1 com CHEMBL3, DBPD e ANF. As linhas a tracejado (verde) e os arcos representam, respetivamente, ligações H e contactos hidrofóbicos. Os resíduos rodeados mostram interações comuns com o sistema de anéis heme-conjugados e o ligando CHEMBL3.

A maioria dos resíduos do CYP1B1 apresenta interações semelhantes com o seu grupo heme e CHEMBL3, juntamente com a energia livre de ligação substancial (ΔG: -10,81 kcal/mol).

O CHEMBL2393069 também apresentou uma forte interação com uma energia livre de ligação de -10,78 kcal/mol juntamente com a formação de uma ligação H (D255-OD2...11-LIG). Por conseguinte, foram executados MDS de 50 ns para os complexos

CYP1B1-CHEMBL3, CHEMBL2393069, DBPD e o inibidor conhecido ANF para prever a estabilidade das moléculas acopladas. O gráfico do desvio da raiz quadrada média (RMSD) mostra a estabilidade dos complexos acoplados ligandos-proteínas.[127] O gráfico RMSD revela que o complexo CYP1B1-CHEMBL3 se encontra numa forma mais estável, seguido de CHEMBL2393069, ANF e DBPD. A flutuação da raiz do quadrado médio (RMSF) tem por objetivo determinar a estabilidade dos complexos durante toda a escala de tempo do MDS.[128] A área de superfície acessível ao solvente (SASA) expõe a área de superfície da proteína-alvo acessível à molécula de solvente.[129] Os gráficos RMSD, RMSF e SASA favorecem a estabilidade do complexo CYP1B1-CHEMBL3 em comparação com CHEMBL2393069, DBPD e ANF (Figura 2.5, 2.6 e 2.7).

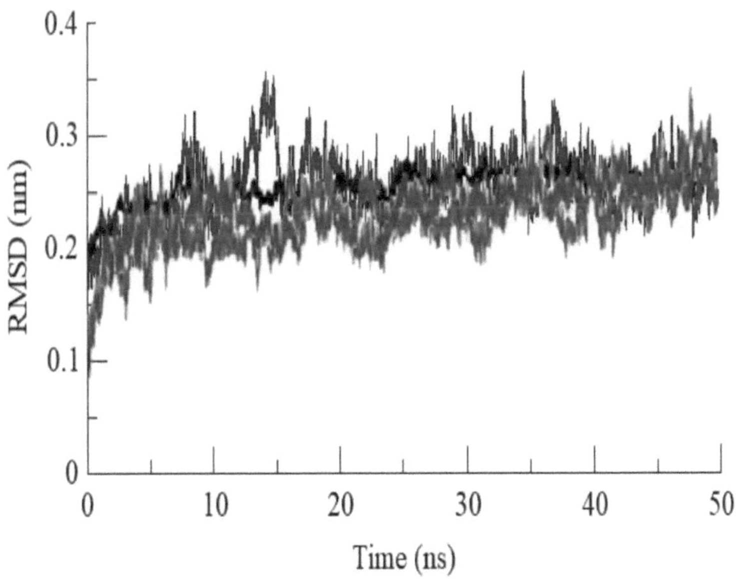

Figura 2.5. Simulação MD da ligação de ligandos ao CYP1B1. Gráfico RMSD em função do tempo. As cores magenta, vermelho, azul e preto representam

CHEMBL3, CHEMBL2393069, DBPD e ANF, respetivamente.

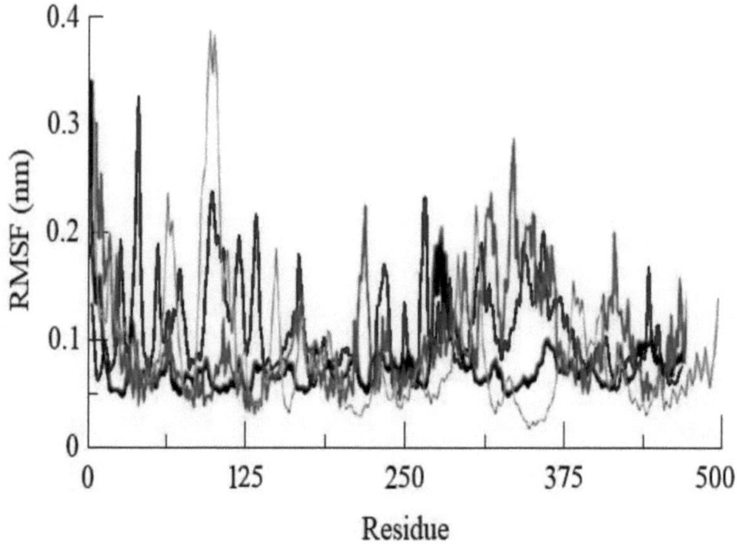

Figura 2.6. Simulação MD da ligação de ligandos ao CYP1B1. Gráfico RMSF para CHEMBL3 (cor-de-rosa), CHEMBL2393069 (açafrão), DBPD (azul) e ANF (preto), respetivamente.

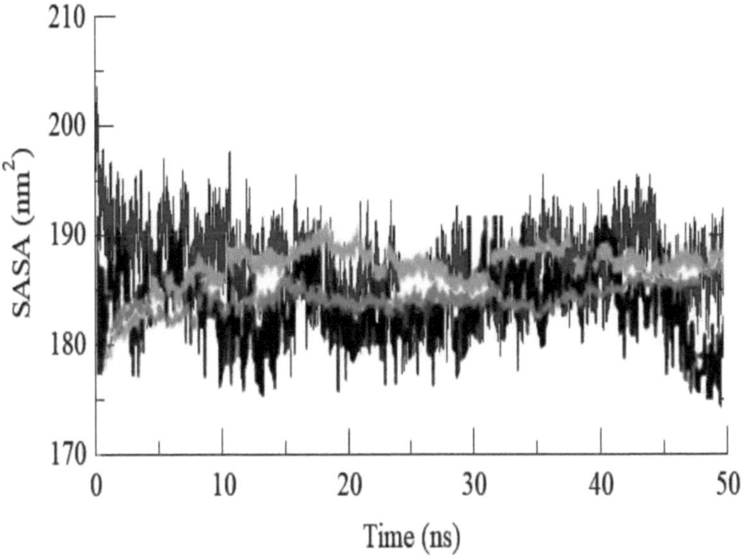

Figura 2.7. Simulação MD de ligandos que se ligam ao CYP1B1. Gráfico SASA para CHEMBL3 (verde), CHEMBL2393069 (açafrão), DBPD (azul) e ANF (preto), respetivamente.

2.4. Conclusões

O AhR e as suas outras proteínas associadas facilitam a biotransformação do DBP, como se mostra na Figura 2.3. CHEMBL1 (6-iodo-4'-metoxiflavona), CHEMBL2 (3',4'-dimetoxi-alfa-naftoflavona) e CHEMBL3 (6-fluoroflavona) apresentaram melhores interações moleculares com CYP1A1, CYP1A2 e CYP1B1, respetivamente, como demonstrado por resultados *in silico*, nomeadamente, docagem molecular e análise de simulação MD. Estes compostos foram encontrados encaixados na bolsa de ligação dos respectivos alvos com um excelente padrão e orientação de ligação, estabelecendo assim fortes interações moleculares ligadas e não ligadas em comparação com o DBPD e o

ANF. A proximidade das moléculas de chumbo perto da fenda do sistema de anéis de heme pode perturbar a assinatura do motivo de consenso de enzimas metabolizadoras selecionadas, inibindo assim a formação de metabolitos cancerígenos. Além disso, estes compostos com propriedades de inibição significativas podem ser utilizados como moléculas promissoras contra as isozimas CYP1A1, 1A2 e 1B1.

Capítulo 3: Conceção combinatória para identificar potenciais inibidores das isozimas CYP450 1A1, 1A2 e 1B1

3.1 Introdução

Uma série de reacções catalíticas facilita a biotransformação do DBP nos seus diol-epóxidos (DEs) cancerígenos. Verificou-se que a maioria dos aductos de ADN derivados do diol-epóxido resultam da reação do carbono oxiranílico benzílico da molécula com os grupos amino exocíclicos das bases de ADN dG e dA.[129^133] Os aductos de ADN mostram que os DEs da região da baía gostam de formar aductos químicos no grupo amino N2- de dG, enquanto os DEs da região da fiorde, estericamente impedidos, favorecem a reação do grupo amino N6- de dA. Por exemplo, o diol-epóxido (+)-anti-benzo[α]pireno- 7,8-diol-9,10-epóxido (BPDE) da região da baía tem >90% de preferência na formação de aductos de ADN com dG, enquanto o diol-epóxido (-)-anti-DBPDE da região do fiorde apresenta mais de 70% de aductos para dA.[134-137] As diferenças podem dever-se às suas distorções estruturais.[138,139]

Os danos no ADN que podem surgir numa célula, o aparelho celular flexível e complexo contém algumas vias distintas que foram bem estudadas[140-142] Os dois principais mecanismos de reparação do ADN são as vias BER e NER. A capacidade mais clara do NER num indivíduo é a de eliminar os fotoprodutos do ADN provocados pela radiação UV. Isto é evidente em pessoas com desertos de NER, por exemplo, xeroderma pigmentosum (XP), em que os doentes apresentam uma elevada taxa de doenças de pele relacionadas com os raios UV. Seja como for, foi ainda demonstrado que o NER é um mecanismo eficaz de reparação do ADN para eliminar inúmeros aductos maciços de HAPs[143-145].

Nas células normais, o stress inicia a apoptose através da via mitocondrial ou intrínseca, e as proteínas da família Bcl-2 assumem um papel fundamental na reação apoptótica.

Estas proteínas são descritas pela presença de 1-4 domínios de homologia Bcl-2 (BH) guardados. A família Bcl-2 possui várias proteínas antiapoptóticas que influenciam diretamente a permeabilidade da membrana mitocondrial para regular a apoptose. A interação da BAX com a membrana mitocondrial origina o citocromo *c,* que se liga ao fator de libertação apoptótica 1 no citosol. Os resultados limitantes na ativação da protease-9 cisteína-aspártico corrosiva (Caspase-9) são necessários para enquadrar o complexo apoptossoma para iniciar a apoptose. A reação apoptótica depende fundamentalmente da proporção do fluxo de saída dos indivíduos Bcl-2 pró-apoptóticos e antiapoptóticos [146-150]. Uma ausência de BAX ou um incremento de Bcl-2 ou Bcl-XL sufoca a apoptose, enquanto um declínio de Bcl-XL ou Bcl-2 melhora a apoptose. Os dímeros contendo BAX e Bcl-2 inactivam BAX, inibindo assim a apoptose.[151-152]

A p53 é uma proteína essencial. Pode atuar fora do núcleo, deslocando-se para as mitocôndrias, onde se associa diretamente a proteínas antiapoptóticas, por exemplo, Bcl-2 e Bcl-XL, para iniciar a apoptose. Além disso, para além de ter efeitos diretos sobre as proteínas da família Bcl-2, a proteína p53 também aumenta a atividade do gene *APAF1*, um membro do complexo do apoptossoma, e é fundamental para a ativação da Caspase-9 para iniciar a apoptose. Por outro lado, a inativação da p53 leva a uma desregulação do controlo do ciclo celular e a uma supressão de muitas vias pró-apoptóticas cruciais. A subsequente perda da função do p53 diminui acentuadamente a sensibilidade das células cancerosas do pulmão à apoptose induzida pela exposição ao fumo do tabaco ou a outras pressões.[153] Os dados computacionais comunicados até à data revelam as interações moleculares preferenciais de diferentes diol-epóxidos de DBP e BP com as caspases-3, 8, 9, BAX, Bcl-2, MDM2, p53, complexo p53-MDM2, p21, p16, complexo CyclinD1-CDK4, complexo CyclinE1-CDK2, H-Ras, K-Ras, BRCA1 e BRCA2. Os resultados revelam um maior envolvimento da caspase-9 do que da caspase-8 e da caspase-3 nas interações com o metabolito carcinogénico potente, *(-)-anti-DBPDE*, (·)-*λi·n-DBPDE* de DBP, e *(+)-anti-BPDE* de BP favorece a participação da caspase- 9 na cascata de ativação de outras caspases. O complexo Apaf-1 e Caspase-9 leva à ativação da protease, clivando e activando assim a caspase-3 responsável pela execução da apoptose. No entanto, devido à forte ligação entre os metabolitos e a proteína, a caspase-9 pode já não estar disponível para reagir com a Apaf-1, o que pode inibir a apoptose.

Além disso, as interações mais fortes dos diol-epóxidos de DBP e BP com p53, as interações fracas com p21 (um alvo a jusante de p53 e um inibidor de CDK) e p16 (um regulador negativo do ciclo celular) demonstraram a supressão da sua função normal, ou seja, nenhuma regulação adequada dos pontos de controlo do ciclo celular, resultando na proliferação de células com instabilidade genética. Além disso, os diol-epóxidos de DBP interagiram fortemente com as oncoproteínas H-Ras e K-Ras e com as proteínas supressoras de tumores BRCA1 e BRCA2, sugerindo ser comparativamente mais substancialmente carcinogénico para a mama do que o BP, que mostrou interações fracas com BRCA1 e BRCA2, enquanto exibia interações mais elevadas com a mão K-Ras.[17,54,64,95]

No trabalho proposto, foi utilizada uma abordagem in silico para identificar inibidores potentes do CYP450 1A1, 1A2 e 1B1 alfa-naftoflavona (ANF), um inibidor conhecido, para compreender as interações de reconhecimento molecular utilizando a análise de docagem molecular e de dinâmica molecular. A substituição de uma cadeia lateral ou de um grupo de moléculas transforma um composto ativo noutro composto com formas, volumes, distribuições electrónicas e propriedades físico-químicas semelhantes, que produzem propriedades biológicas semelhantes. A substituição de andaimes é amplamente utilizada na descoberta de medicamentos para melhorar a potência e a seletividade, resolver problemas associados à farmacocinética dos medicamentos e eliminar efeitos secundários indesejados, como a toxicidade e as responsabilidades metabólicas.[154]

O ANF foi selecionado como modelo para a conceção combinatória e 400 análogos foram concebidos pela ferramenta de química combinatória . Os melhores resultados foram submetidos a filtros de previsão de semelhança com medicamentos e foram encontrados 300 análogos em 400. O segundo filtro foi a previsão ADMET, na qual foram encontrados 100 análogos. Após comparação com o DBPD e o ANF, 80 resultados foram selecionados para acoplamento molecular. Foi efectuado um estudo de simulação MD das duas moléculas principais e comparadas com DBPD e ANF. A análise pós-simulação MD prevê uma das melhores pistas que pode ser útil como molécula inibidora contra o CYP1A1.

3.2 Materiais e métodos

3.2.1 Recuperação da estrutura 3D e preparação de proteínas

A recuperação, otimização e minimização da energia das proteínas selecionadas foram realizadas como mencionado na secção 2.2.1.[110,111]

3.2.2 Conceção combinatória de análogos de ANF

O ANF é o inibidor conhecido do CYP450 1A1, 1A2 e 1B1. Foram concebidos 400 compostos análogos ao ANF utilizando os módulos de química combinatória da ferramenta Aakar da VLife. A otimização e a minimização da energia de todos os análogos concebidos foram efectuadas utilizando os mesmos procedimentos adoptados na secção 2.2.2.[110,111]

3.2.3 Semelhança com o medicamento e previsão ADMET

A previsão das filtrações Lipinski RO5 e ADMET foi feita com a mesma metodologia utilizada na secção 2.2.2.[114-117]

3.2.4 Simulações de acoplamento

Foram adicionados átomos H polares, átomo unido de Kollman e parâmetros de tipo de átomo e, além disso, os átomos H não polares foram fundidos durante a geração do ficheiro pdbqt da proteína. Durante a preparação do ficheiro pdbqt do ligando, foram adicionados átomos de H polares, fundidos átomos de H não polares, definido o número de torções e ligações rotativas. O volume cúbico de 65 × 65 × 65Â com espaçamento de 0,678Â pontos de grelha e coordenadas centrais foi definido de acordo com a superfície da proteína, proporcionando um espaço amplo para o movimento dos ligandos. Os restantes procedimentos foram semelhantes aos discutidos na secção 2.2.3.[118-120] A metodologia adoptada é

resumidos na Figura 3.1.

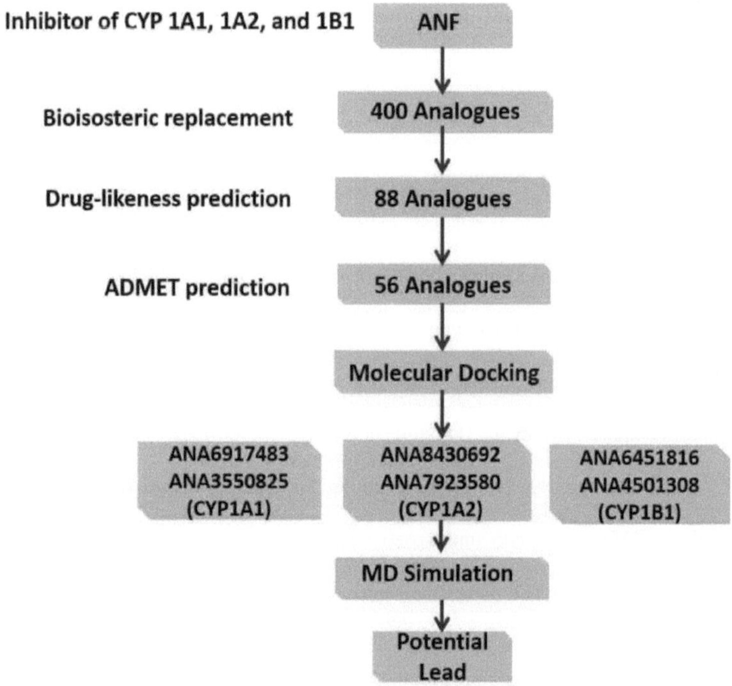

Figura 3.1. Fluxograma da metodologia adoptada.

3.3 Resultados e discussão

As abordagens combinatórias foram implementadas para conceber e representar as moléculas inibidoras mais prováveis contra isozimas CYP450 selecionadas. Utilizando o ANF como modelo, foram concebidos quatrocentos análogos, seguidos de filtragem de chumbo e ADMET.

3.3.1 Filtragem Lipinski RO5

Os análogos que obedeceram a 3 das 4 regras da RO5 foram selecionados para a filtragem ADMET.

Os compostos filtrados por RO5 são enumerados no quadro 3.1.

Tabela 3.1. Lista dos análogos que obedeceram à filtração Lipinski RO5.

S. No.	Analogues	MW (g/m)	HBD	HBA	LogP
1.	ANA1145706	224.08	0	2	3.51
2.	ANA1222005	273.08	0	3	4.01
3.	ANA1432644	286.10	0	2	4.54
4.	ANA1447285	278.04	0	2	4.68
5.	ANA1459513	252.12	0	2	4.24
6.	ANA1546568	238.10	0	2	3.90
7.	ANA1573680	340.01	0	2	5.92
8.	ANA1630064	322.10	0	2	5.77
9.	ANA1631036	262.06	0	3	4.21
10.	ANA1818035	226.06	0	3	2.96
11.	ANA2049747.	322.10	0	2	5.77
12.	ANA2113872	252.12	0	2	4.29
13.	ANA2222312	264.12	0	2	4.60
14.	ANA2361823	264.04	0	2	3.97
15.	ANA2419400	340.01	0	2	5.92
16.	ANA2457386	222.07	0	2	3.59
17.	ANA2522095	316.07	0	2	4.34

18.	ANA2685819	278.04	0	2	4.68
19.	ANA2992179	290.07	0	2	4.75
20.	ANA2998544	221.05	0	3	2.82
21.	ANA3127481	308.07	0	3	4.89
22.	ANA3181590	240.04	1	4	2.64
23.	ANA3212034	286.10	0	2	4.92
24.	ANA3421779	340.01	0	2	5.92
25.	ANA3484613	266.13	0	2	4.68
26.	ANA3517652	241.04	0	5	2.85
27.	ANA3544010	250.10	0	2	4.21
28.	ANA3550825	311.10	1	3	5.10
29.	ANA3751883	308.07	0	2	4.89
30.	ANA3789084	240.08	1	3	2.48
31.	ANA4037701	262.06	0	3	4.21
32.	ANA4329694	304.07	2	4	4.02
33.	ANA4476929	306.05	0	2	5.27
34.	ANA4501308	332.11	0	4	4.63
35.	ANA4550544	268.07	0	4	3.12
36.	ANA4584630	308.07	0	2	4.89
37.	ANA4604071	279.04	0	3	4.07
38.	ANA4617085	300.12	0	2	5.23
39.	ANA4632578	239.10	0	3	3.01
40.	ANA4637969	306.05	0	2	5.27
41.	ANA4741385	254.06	0	4	2.73
42.	ANA4835276	340.01	0	2	5.92
43.	ANA4891873	236.08	0	2	3.68
44.	ANA5085235	281.11	0	4	2.78
45.	ANA5201204	318.09	1	4	4.33
46.	ANA5259689	302.09	0	3	4.62
47.	ANA5588223	330.16	0	2	5.41

48.	ANA5634920	239.06	2	4	2.05
49.	ANA5635542	300.12	0	2	5.23
50.	ANA5729459	220.05	0	2	2.93
51.	ANA5923031	300.12	0	2	5.23
52.	ANA5998351	286.10	0	2	4.92
53.	ANA6026462	274.07	0	4	3.40
54.	ANA6051968	290.07	0	2	4.75
55.	ANA6055150	292.15	0	2	5.38
56.	ANA6069175	286.10	0	2	4.92
57.	ANA6115436	226.06	1	3	2.44
58.	ANA6263440	280.11	0	3	3.84
59.	ANA6451816	302.09	0	3	4.62
60.	ANA6505199	324.04	0	2	5.41
61.	ANA6550068	252.12	0	2	4.46
62.	ANA6917483	274.07	0	4	3.40
63.	ANA6928213	290.07	0	2	4.75
64.	ANA6973880	242.04	0	2	3.67
65.	ANA7055846	240.08	0	3	3.35
66.	ANA7113102	340.07	0	2	5.63
67.	ANA7145504	288.08	1	3	4.32
68.	ANA7192589	349.99	0	2	5.38
69.	ANA7296445	250.10	0	2	3.90
70.	ANA7325519	238.06	0	3	3.15
71.	ANA7438000	300.12	0	2	5.23
72.	ANA7451007	279.13	0	3	3.94
73.	ANA7481255	276.08	0	3	4.13
74.	ANA7527053	300.12	0	2	5.23
75.	ANA7609797	280.04	0	3	3.85
76.	ANA7923580	308.07	0	2	4.89
77.	ANA7963753	408.06	0	2	6.65

78.	ANA7993024	266.13	0	2	4.54
79.	ANA8002870	287.10	0	3	3.93
80.	ANA8321607	274.07	0	4	3.40
81.	ANA8430171	265.11	0	3	3.55
82.	ANA8430692	266.13	0	2	4.85
83.	ANA8450389	254.09	0	3	3.14
84.	ANA8539067	323.10	0	3	5.16
85.	ANA8583069	287.10	0	3	3.93
86.	ANA8871618	287.10	0	3	3.93
87.	ANA8886081	253.07	1	4	2.91
88.	ANA8969446	250.10	0	2	4.37

3.3.2 Filtragem ADMET

Os análogos satisfeitos com RO5 foram submetidos a diferentes parâmetros ADMET. Os análogos que apresentam os seus valores no intervalo especificado dos descritores ADMET estão listados na Tabela 3.2.

Tabela 3.2. Filtragem ADMET.

S. No.	Analogues	#HIA	$BBB	@PPB	&MDCK cell permeability	*CaCo2 cell permeability	Ames test	Mouse Model	Rat Model
1.	ANA1222005	100.00	1.11	100.00	19.45	52.40	NM	P	P
2.	ANA1447285	100.00	1.81	100.00	22.67	56.27	NM	P	N
3.	ANA1459513	100.00	0.45	100.00	0.09	46.45	NM	P	P
4.	ANA-1546568	97.91	2.26	90.20	254.47	1.83	NM	N	P
5.	ANA1630064	100.00	1.87	98.43	29.37	54.16	NM	P	P
6.	ANA1631036	98.57	1.24	91.36	353.32	0.35	NM	P	P
7.	ANA1818035	100.00	1.36	96.34	16.06	57.02	NM	P	N
8.	ANA2049747	100.00	1.40	93.95	27.71	56.57	NM	N	N
9.	ANA2113872	96.22	0.10	93.95	19.17	38.86	NM	N	P
10.	ANA2361823	100.00	1.98	99.30	32.16	47.59	NM	P	N
11.	ANA2419400	100.00	1.51	95.36	37.37	55.46	NM	P	N

12.	ANA2457386	100.00	0.99	94.58	47.91	57.05	NM	N	N
13.	ANA2998544	100.00	2.19	93.96	44.90	56.92	NM	N	N
14.	ANA3127481	95.55	0.84	83.88	50.71	13.40	NM	N	P
15.	ANA3181590	100.00	1.70	93.89	15.91	56.56	NM	N	N
16.	ANA3212034	100.00	1.68	99.75	16.83	52.40	NM	P	P
17.	ANA3484613	98.43	1.65	94.86	12.03	53.13	NM	N	N
18.	ANA3544010	100.00	0.61	93.85	15.98	56.24	NM	N	N
19.	ANA3550825	100.00	1.43	99.04	37.46	56.20	NM	N	N
20.	ANA4037701	100.00	1.01	100.00	7.92	50.25	NM	P	N
21.	ANA4329694	100.00	2.20	87.77	31.36	56.11	NM	N	N
22.	ANA4501308	100.00	1.53	100.00	32.18	49.58	NM	P	N
23.	ANA4550544	100.00	0.93	100.00	14.79	50.29	NM	P	N
24.	ANA4604071	100.00	1.01	93.94	51.58	57.06	NM	N	N
25.	ANA4617085	100.00	1.01	93.94	51.58	57.06	NM	N	N
26.	ANA4741385	100.00	1.25	100.00	32.16	56.27	NM	P	N
27.	ANA4835276	100.00	0.30	99.63	7.10	54.59		N	N
28.	ANA5085235	94.33	7.40	91.76	23.06	35.29	NM	N	N
29.	ANA5201204	98.65	2.50	90.10	38.50	53.86	NM	P	N
30.	ANA5259689	100.00	0.98	99.83	29.92	49.58	NM	P	N
31.	ANA5588223	100.00	1.10	100.00	30.82	55.90	NM	N	N
32.	ANA5634920	94.49	0.73	99.53	54.77	20.53	NM	N	P
33.	ANA5635542	100.00	0.24	98.85	11.79	55.39	NM	P	P
34.	ANA5923031	96.51	0.74	81.69	255.06	0.54	NM	P	N
35.	ANA6055150	98.06	0.024	90.36	50.54	53.02	NM	P	N
36.	ANA6115436	96.26	0.37	96.49	12.62	39.24	NM	N	P
37.	ANA6263440	100.00	0.59	97.26	0.29	41.37	NM	P	N
38.	ANA6451816	100.00	0.45	94.09	36.53	56.91	NM	N	N
39.	ANA6917483	97.60	0.03	92.59	25.01	53.78	NM	N	P
40.	ANA6973880	100.00	0.97	95.47	26.74	47.71	NM	P	N
41.	ANA7055846	100.00	1.29	98.85	26.82	56.51	NM	P	N
42.	ANA7113102	100.00	1.29	98.85	26.82	56.51	NM	P	N
43.	ANA7145504	100.00	96.77	20.85	54.14	54.14	NM	P	P
44.	ANA7192589	98.80	0.08	93.07	23.28	55.64	NM	N	P

45.	ANA7296445	100.00	1.39	96.60	41.37	56.37	NM	P	N
46.	ANA7325519	100.00	2.28	98.54	12.19	52.39	NM	P	P
47.	ANA7438000	98.64	0.04	88.42	61.40	48.87	NM	N	N
48.	ANA7481255	97.64	0.04	93.86	3.23	52.75	NM	N	P
49.	ANA7527053	98.80	0.09	93.74	18.21	54.70	NM	P	P
50.	ANA7923580	100.00	1.66	94.99	0.05	42.14	NM	P	N
51.	ANA7963753	100.00	0.54	99.95	5.62	49.03	NM	P	P
52.	ANA7993024	97.94	2.12	89.90	349.33	22.07	NM	P	P
53.	ANA8430692	100.00	1.71	93.84	54.67	57.06	NM	N	N
54.	ANA8871618	97.40	3.08	91.94	36.53	33.60	NM	P	N
55.	ANA8886081	97.74	2.22	87.86	256.74	10.51	NM	N	P
56.	ANA8969446	97.83	0.02	90.54	327.49	31.75	NM	P	N

#HIA: Absorção intestinal humana (Intervalo de atividade: Fraca - 0~20%, Moderada - 20~70%, Alta - 70~100%)$ BBB: Barreira hemato-encefálica (compostos activos do SNC (+): >1, compostos inactivos do SNC (-): <1)
@PPB: Ligação às proteínas plasmáticas (Substâncias químicas fortemente ligadas > 90%, Substâncias químicas fracamente ligadas < 90%) &MDCK: Permeabilidade das células renais caninas de Madin-Darby (Inferior- < 25, Moderada- 25~500, Superior- > 500) *Caco2: Permeabilidade das células epiteliais heterogéneas do adenocarcinoma colorectal humano (Inferior- <4, Moderada- 4~70, Superior- >70)
NM: Não mutagénico, M: Mutagénico, P: Positivo, N: Negativo

3.3.3 Docagem molecular de análogos concebidos

Entre todos os análogos acoplados, verificou-se que o ANA6917483 (ΔG: -10,44 kcal/mol) e o ANA3550825 (ΔG: -10,31 kcal/mol) se ligam fortemente ao CYP1A1, seguido do ANA3181590 (-10,27 kcal/mol), do ANA7145504 (-10.24 kcal/mol), ANA4037701 (-10,16 kcal/mol), ANA4550544 (-10,11 kcal/mol), ANA7192589 (-9,99 kcal/mol), ANA1222005 (-9,96 kcal/mol), ANA5259689 (-9,93 kcal/mol) e ANA4835276 (-9,89 kcal/mol). Estes dez sucessos apresentam melhores interações com a proteína alvo do que ANF (-09,13 kcal/mol) e DBPD (-07,12 kcal/mol). As interações moleculares da CYP1A1 com as 10 moléculas principais e a sua comparação com a ANF e a DBPD são apresentadas na Tabela 3.3. Além disso, Cys422(H), Phe346, Ala428, His353(H), Arg71(H), Ile423, Trp96(H), Arg100(H), Arg420(H), Ser87, Ala282, Ile163, Gly424, Thr350, Ile351, Lue279, Thr286, Ile414, Gly283, Phe415,

Val347, Met86, Gly416 e Gln376 resíduos de CYP1A1 estão envolvidos em interações moleculares com ANA6917483 (Figura 3.2). Do mesmo modo, Arg71(H), Trp96(H), Ile351, Arg100(H), Ser87, Arg420(H), Cys422(H), Ile423, Gly424, Ile163, Gly283, Ala282, Leu279, Thr286, Ala428, Phe415, Phe346, Os resíduos Ile414, Val347, Thr350, His353(H), Gly416 e Met86 do CYP1A1 estão a participar em interações moleculares com o segundo melhor análogo ANA3550825 (Figura 3.3).

Tabela 3.3. Interações moleculares dos 10 principais análogos, ANF e DBPD com o CYP1A1.

S. No.	Ligands	ADT (ΔG)	H-bonds
01.	ANA6917483	-10.44	TRP96-HE1...O, ARG100-HH11...O, ARG420-HH11...O, HEM601-ND...O, HEM601-ND...O, O...HEM601-O1D, O...HEM601-O2D
02.	ANA3550825	-10.31	ARG71-HH22...O, ARG100-HH11...O, ARG420-HH11...O, HEM601-HC...O, O...HEM601-O1D
03.	ANA3181590	-10.27	ARG71-HH22...F, ARG420-HH11...O, HEM601-ND...O
04.	ANA7145504	-10.24	ARG420-HH11...O, HEM601-ND...O
05.	ANA4037701	-10.16	ARG71-HH22...O, TRP96-HE1...F, ARG100-HH11...F, ARG420-HH11...F, HEM601-ND...O
06.	ANA4550544	-10.11	ARG420-HH11...O, HEM601-ND...O
07.	ANA7192589	-9.99	ARG71-HH22...O, HEM601-ND...O
08.	ANA1222005	-9.96	ARG71-HH22...O, HEM601-ND...O
09.	ANA5259689	-9.93	SER87-HG...O
10.	ANA4835276	-9.89	ARG420-HH11...O
11.	ANF	-09.13	O2...SER409-H, O2...VAL412-H
12.	DBPD	-07.12	V453-NH...O2

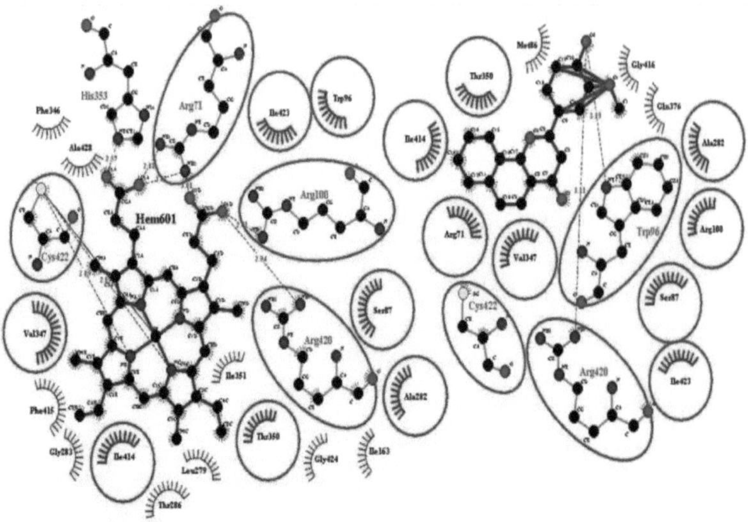

Figura 3.2. O Ligplot 2D de CYP1A1 com ANA6917483. As linhas a tracejado (verde) e os arcos representam, respetivamente, ligações H e contactos hidrofóbicos. Os resíduos rodeados são comuns na interação com o grupo heme e o análogo.

Do mesmo modo, entre todos os análogos acoplados, verificou-se que o ANA8430692 (ΔG: -10,55 kcal/mol) e o ANA7923580 (ΔG: -10,47 kcal/mol) se ligavam fortemente ao CYP1A2, seguidos do ANA6451816 (-10,31 kcal/mol), do ANA4637969 (-10.27 kcal/mol), ANA3421779 (-10,25 kcal/mol), ANA4329694 (-10,23 kcal/mol), ANA5085235 (-10,22 kcal/mol), ANA6055150 (-10,17 kcal/mol), ANA4604071 (-10,15 kcal/mol) e ANA2222312 (-10,11 kcal/mol). Estes dez sucessos apresentam melhores interações com a proteína alvo do que ANF (-09,93 kcal/mol) e DBPD (-09,66 kcal/mol). As interações moleculares da CYP1A2 com as dez moléculas principais e a sua comparação com a ANF e a DBPD são apresentadas na Tabela 3.4. Além disso, Arg104(H), Ala284, Trp100(H), Arg423(H), Arg75(H), Ile353, Thr91, His355(H), Thr352, Gly419, Cys425(H), Gln378, Leu90, Ala431, Leu349, Leu417, Thr288, Val289, Phe348(A), Phe343, Ile435, Phe438, Gly285, Gly427, Leu111,

Ile426, e Ile281 resíduos de CYP1A2 estão envolvidos em interações moleculares com ANA8430692 (Figura 3.4). Do mesmo modo, Trp100(H), Arg423(H), Arg75(H), Thr91, His355(H), Ile353, Asp280, Leu90, Phe418, Ala284, Gly419, Thr352, Ile426, Leu417(A), Gln378, Thr288, Phe348, Leu349, Phe343, Ile435, Val289, Os resíduos Cys425(H), Ile281, Gly427, Ala431, Leu111, Arg104(H) e Gly285 do CYP1A2 estão a desempenhar papéis importantes nas interações moleculares com o segundo melhor análogo ANA7923580 (Figura 3.5).

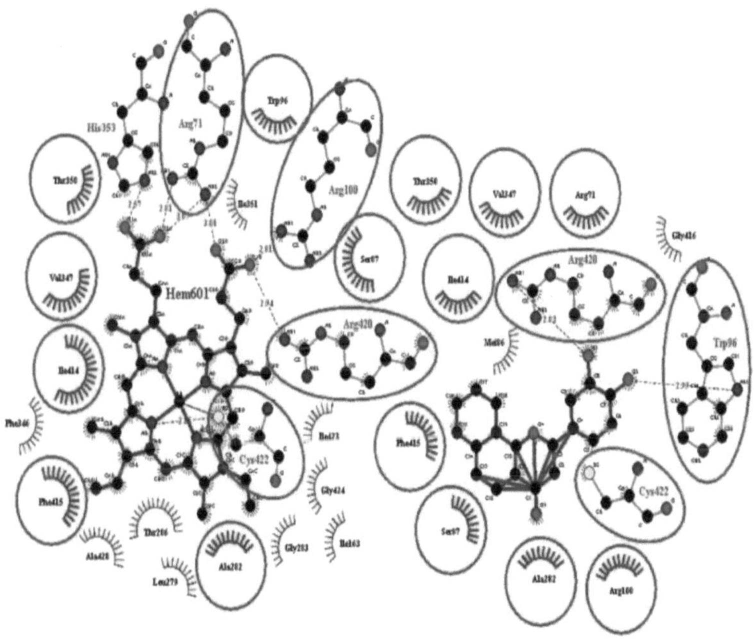

Figura 3.3. O Ligplot 2D de CYP1A1 com ANA3550825. As linhas a tracejado (verde) e os arcos representam, respetivamente, ligações H e contactos hidrofóbicos. Os resíduos rodeados são comuns na interação com o grupo heme e o análogo.

Tabela 3.4. Interações moleculares dos 10 principais análogos, ANF e DBPD com CYP1A2.

S. No.	Ligands	ADT (ΔG)	H-bonds
01.	ANA8430692	-10.55	ARG75-HH11...O, ARG75-HH21...O, HIS355-HE2...O, HEM900-HA...O, HEM900-HB...O, HEM900-HD...O, O...HEM900-O1A, O...HEM900:O2A
02.	ANA7923580	-10.47	ARG75-HH21...O, ARG423-HH11...O
03.	ANA6451816	-10.31	ARG75-HH22...O
04.	ANA4637969	-10.27	ARG75-HH21...F
05.	ANA3421779	-10.25	TRP100-HE1...Cl, ARG423-HH11...Cl
06.	ANA4329694	-10.23	ASN214-HN...O6
07.	ANA5085235	-10.22	ARG75-HH22...O
08.	ANA6055150	-10.17	ARG75-HH22...O
09.	ANA4604071	-10.15	ARG75-HH22...O
10.	ANA2222312	-10.11	ILE353-HN...O
11.	ANF	-09.93	ARG263-HN...O1
12.	DBPD	-09.66	H42...ALA102-O

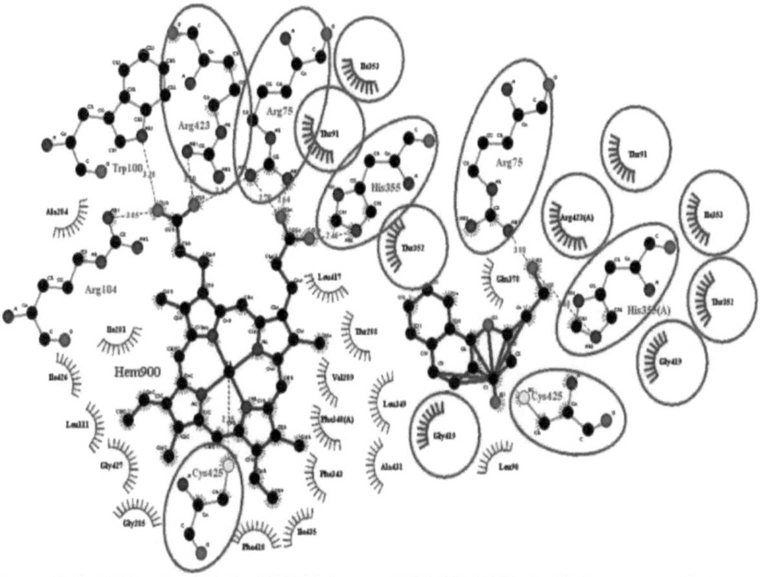

Figura 3.4. O Ligplot 2D do CYP1A2 com ANA8430692. As linhas a tracejado (verde) e os arcos representam, respetivamente, ligações H e contactos hidrofóbicos. Os resíduos rodeados são comuns na interação com o grupo heme e o análogo.

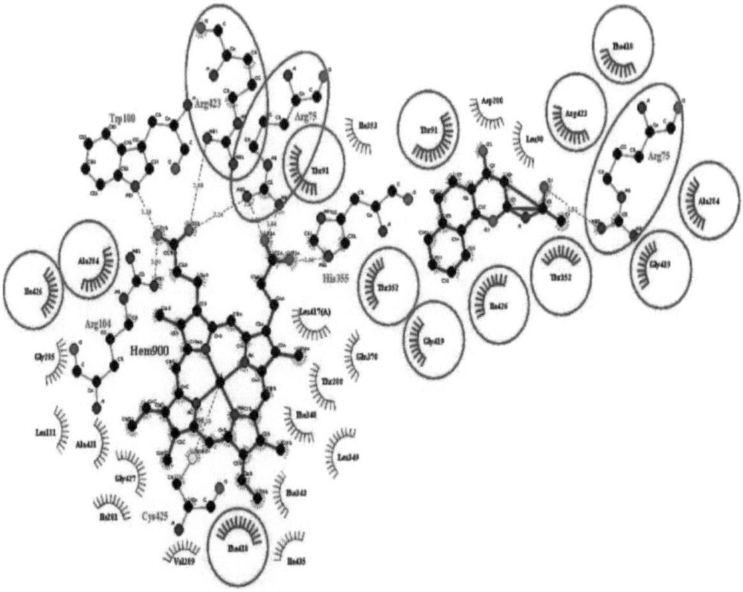

Figura 3.5. O Ligplot 2D do CYP1A2 com ANA7923580. As linhas a tracejado (verde) e os arcos representam, respetivamente, ligações H e contactos hidrofóbicos. Os resíduos rodeados são comuns na interação com o grupo heme e o análogo.

Do mesmo modo, entre todos os análogos acoplados, verificou-se que o ANA6451816 (ΔG: -10,14 kcal/mol) e o ANA4501308 (ΔG: -10,02 kcal/mol) se ligaram fortemente ao CYP1B1, seguidos do ANA3550825 (-10,01 kcal/mol), ANA3181590 (-09.90 kcal/mol), ANA3484613 (-09,88 kcal/mol), ANA2685819 (-09,85 kcal/mol), ANA4550544 (-09,75 kcal/mol), ANA2113872 (-09,69 kcal/mol), ANA4604071 (-09,64 kcal/mol) e ANA4329694 (-09,44 kcal/mol). O ANF (-09,93 kcal/mol) e o DBPD (-09,66 kcal/mol) apresentam uma melhor ligação ao CYP1B1 em comparação com o CYP1A1 e 1A2. As interações moleculares do CYP1B1 com as dez moléculas principais e a sua comparação com o ANF e o DBPD são apresentadas no Quadro 3.5. Além disso, Ser393(H),

His330(H), Thr327, Ile328, Arg50(H), Trp74, Arg397(H), Ala66, Met65, Arg78(H), Ile400, Cys399(H), Gly401, Met85, Ser260, Ile256, Ala259, Os resíduos Ile391, Thr263, Phe392, Leu264, Ser405, Leu409, Val324, Phe323 e Gln353 do CYP1B1 estão envolvidos em interações moleculares com o ANA6451816 (Figura 3.6). Do mesmo modo, His330(H), Ser393(H), Thr327, Ile328, Arg50(H), Ala66, Arg397(A)(H), Met65, Arg78(H), Trp74, Ile400, Met85, Gly401, Ile256, Ala259, Cys399(H), Gln353(H), Ser405, Os resíduos de Ser260, Leu264, Leu409, Thr263, Ile391, Phe323, Val324, Phe392 do CYP1B1 são os principais intervenientes nas interações moleculares com o segundo melhor análogo ANA (Figura 3.7).

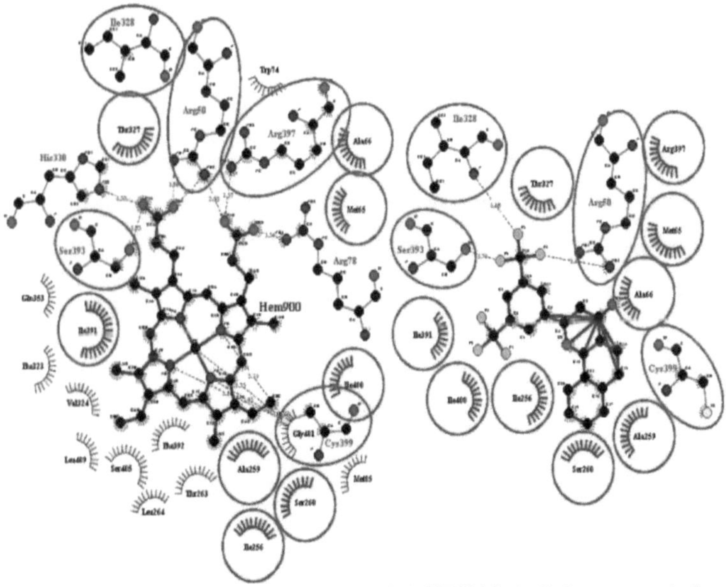

Figura 3.6. O Ligplot 2D do CYP1B1 com ANA6451816. As linhas a tracejado (verde) e os arcos representam, respetivamente, ligações H e contactos hidrofóbicos. Os resíduos rodeados são comuns na interação com o grupo heme e o análogo.

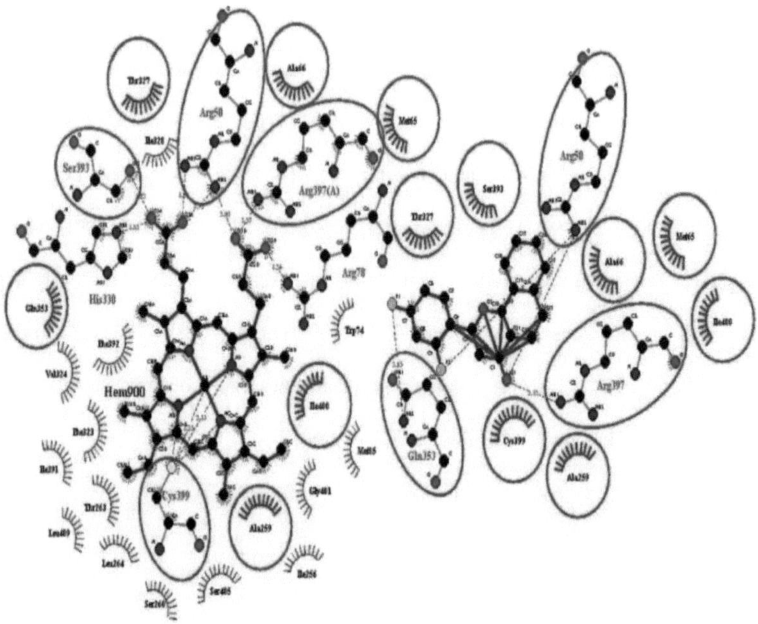

Figura 3.7. O Ligplot 2D do CYP1B1 com o ANA4501308 As linhas a tracejado (verdes) e os arcos, respetivamente, representam ligações H e contactos hidrofóbicos. Os resíduos rodeados são comuns na interação com o grupo heme e o análogo.

Tabela 3.5. Interações moleculares dos 10 principais análogos, ANF e DBPD com CYP1B1.

S. No.	Ligands	ADT (ΔG)	H-bonds
01.	ANA6451816	-10.14	ARG50-HH22...F, ILE328-HN...F, SER393-HG...F, HEM900-HA...F, HEM900-HB...F, HEM900-HD...O
02.	ANA4501308	-10.02	TRP96-HE1...O, ARG50-HH21...O, ARG50-HH22...F, ARG397-HH12...O
03.	ANA3550825	-10.01	LEU404-HN...O9
04.	ANA3181590	-9.90	ARG50-HH21...O, HEM900-HD...O
05.	ANA3484613	-9.88	ARG50-HH22...O, HEM900-HA...O
06.	ANA2685819	-9.85	ARG50-HH21...O, HEM900-HA...F, HEM900-HB...F
07.	ANA4550544	-9.75	ARG50-HH21...O, HEM900-HA...Cl, HEM900-HB...Cl, HEM900-HD...Cl, HEM900-HD...O
08.	ANA2113872	-9.69	ARG50-HH22...O, HEM900-HA...O, HEM900-HD...O
09.	ANA4604071	-9.64	LYS443-HZ1...O9
10.	ANA4329694	-9.44	ARG50-HH21...O, HEM900-HD..O
11.	ANF	-09.67	ARG373-HH12...O2
12.	DBPD	-10.08	TRP354-HE1...O2

3.3.4 Simulação MD

A simulação MD com solvente explícito do CYP1A2 com o composto concebido e os inibidores conhecidos mostra uma estabilidade considerável no ponto de simulação. A simulação global dos complexos foi efectuada durante 30ns e a proteína permaneceu estável. As poses acopladas dos quatro complexos foram utilizadas para os estudos de simulação. Foi analisada a estabilidade do complexo proteína-ligante da proteína CYP1A2 com quatro compostos. O gráfico RMSD da proteína CYP1A2 com o complexo ligando revela que o RMSD global é de cerca de 1-3,5 Â. A Figura 3.8 representa o gráfico RMSD e a Figura 3.9 representa o gráfico RMSF dos complexos. O gráfico RMSD indica a estabilidade e, olhando em profundidade para o desvio quadrático médio da raiz (RMSD), a cor azul representa o ligando projetado ANA8430692, o vermelho e o preto representam o ANF, e o cinzento DBPD representa o segundo ligando ANA7923580. O gráfico geral indica que o RMSD da proteína com o ligando ANA8430692 mostra mais estabilidade quando comparado com outros complexos. A estabilidade do composto deve-se à interação entre a proteína e o ligando. O gráfico RMSF indica que não há flutuações significativas para os compostos, e com a região do resíduo 180 a 200, os resíduos flutuaram. Esta flutuação é observada em todos os compostos. A Figura 3.10 representa o raio de giração, que indica que a compacidade da proteína se mantém ao longo da análise. No estudo global, concluiu-se que os complexos apresentam uma estabilidade considerável ao longo da simulação. Os estudos MD revelam que os compostos ANA8430692 são comparativamente estáveis durante todo o processo de simulação de 30 ns.

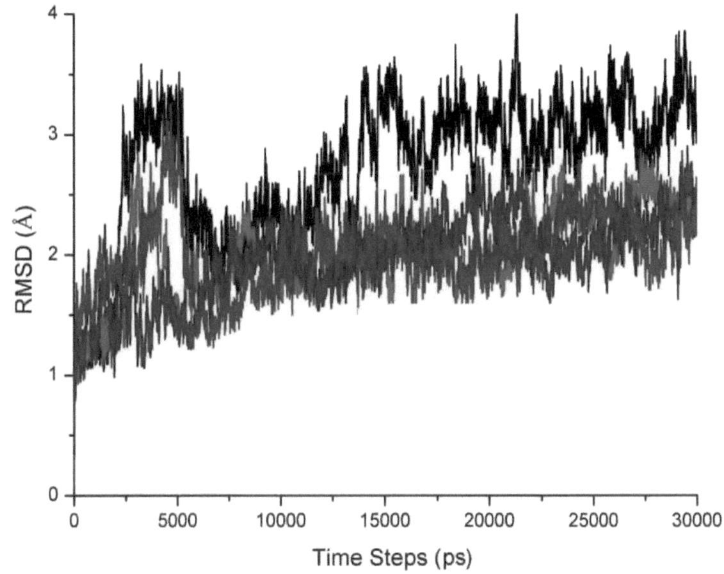

Figura 3.8. Simulação MD da ligação de ligandos ao CYP1A2. Gráfico RMSD em função do tempo. As cores preto, vermelho, azul e cinzento representam DBPD, ANF, ANA8430692 e ANA7923580, respetivamente.

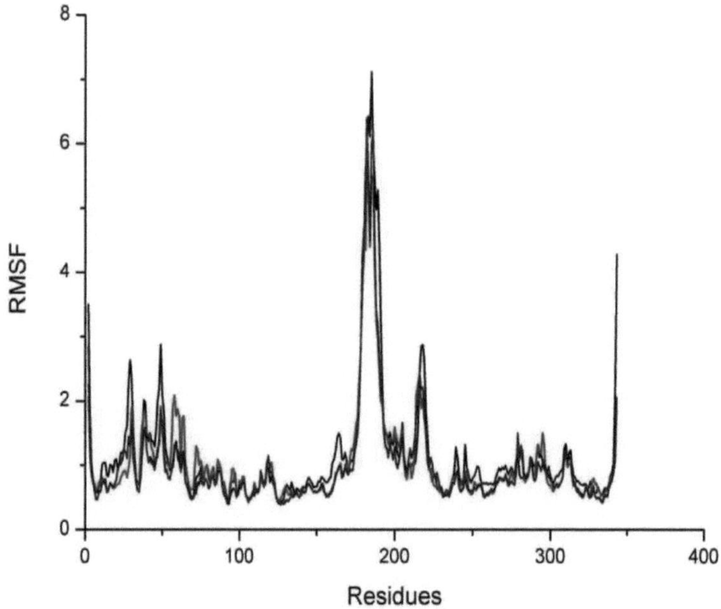

Figura 3.9. Simulação MD da ligação de ligandos ao CYP1A2. Gráfico RMSF para DBPD (preto), ANF (vermelho), ANA8430692 (azul) e ANA7923580 (cinzento).

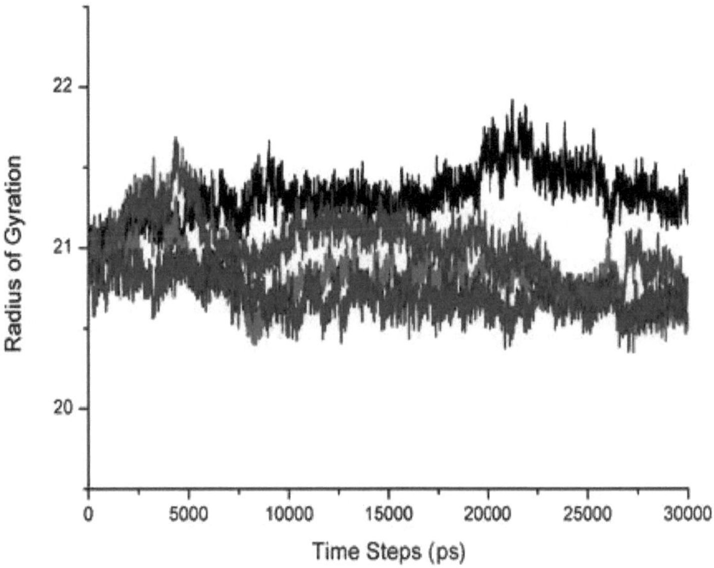

Figura 3.10. Simulação MD da ligação de ligandos ao CYP1A2. Evolução temporal dos valores Rg de DBPD (preto), ANF (vermelho), ANA8430692 (azul) e ANA7923580 (cinzento) durante a simulação MD de 30 ns.

3.4 Conclusão

Neste trabalho, foram realizados estudos de design combinatório, ADMET computacional, docagem molecular e MD para identificar inibidores potentes para CYP1A1, 1A2 e 1B1. Inicialmente, o ANF foi tomado como modelo para seleção e acoplado ao local ativo das isozimas CYP450 para análise do modo de ligação. Os análogos que apresentam as melhores interações com a proteína alvo foram submetidos a uma simulação MD com uma duração de 30 ns. As melhores posições de ligação propostas foram essencialmente mantidas durante todo o processo de simulação MD.

As mesmas interações de ligação H e ocupação foram mostradas durante as simulações de 30 ns . Os resultados da simulação MD proporcionam um ponto de partida adequado para uma análise mais aprofundada do análogo do substrato da biblioteca combinatória de fármacos químicos. As moléculas não tóxicas (modelos de carcinogenicidade e mutagenicidade em ratos) foram filtradas a partir de 400 resultados selecionados. A RO5 de Lipinski produziu 88 moléculas seguindo as suas 3 de 4 regras. Os filtros ADME foram também aplicados a moléculas filtradas não tóxicas utilizando critérios de solubilidade, absorção, área de superfície polar e barreira hemato-encefálica. Este esforço conduziu a 56 resultados da biblioteca combinatória. Os estudos de acoplamento molecular foram efectuados utilizando as ferramentas AutoDock4.0. A melhor conformação acoplada foi selecionada utilizando critérios: interação de ligação H com resíduos do sítio ativo, energia de ligação e melhor adaptação ao sítio ativo das proteínas alvo. Finalmente, os dez melhores resultados contra cada isozima foram comparados com DBPD e ANF. Estes resultados mostraram uma ligação mais forte com as respectivas isozimas em comparação com o carcinogéneo e o inibidor conhecido. Além disso, os estudos MD das duas principais moléculas líderes do CYP 1A2, ANF e DBPD foram efectuados durante 30ns, o que favorece a estabilidade do ANA8430692 seguido do ANA7923580. Estes análogos podem ser utilizados como um inibidor potente contra o CYP1A2.

Capítulo 4: Validação in vitro e elucidação do(s) candidato(s) putativo(s) a chumbo

4.1 Introdução

O desenvolvimento do cancro é normalmente um mecanismo com várias etapas, impulsionado por danos genéticos e epigenéticos causados por agentes cancerígenos em células susceptíveis, resultando numa vantagem selectiva de crescimento. Consequentemente, pode ocorrer uma expansão clonal das células devido à ativação de proto-oncogenes e à inativação de genes supressores de tumores. Existem cerca de 100 cancros diferentes e os subtipos de cancros podem estar localizados em tecidos específicos, o que resulta em combinações quase ilimitadas de alterações genéticas e epigenéticas. As diferentes células maduras do corpo têm um período de vida determinado. Após um período de vida fixo, estas células morrem e são geradas novas células através da proliferação e diferenciação de várias células estaminais. Em circunstâncias normais, a produção de novas células mantém-se constante. Ocasionalmente, porém, surgem células que já não respondem ao mecanismo normal de controlo do crescimento. O crescimento descontrolado das células dá origem a células neoplásicas. Os tumores são classificados como benignos ou malignos e o seu estudo é designado por oncologia. As células benignas estão encerradas numa cápsula, enquanto os tumores malignos não estão encapsulados e são invasivos, pelo que as células cancerosas sofrem angiogénese e metástases. A malignidade está presente quando a metástase estabelece um novo tumor distante do tumor primário.

O processo global de transformação das células normais em células malignas é designado por carcinogénese, que pode ser desencadeada por factores etiológicos, substâncias químicas cancerígenas, radiações, matérias orgânicas irresistíveis ou factores endógenos, nomeadamente alterações adquiridas, regulação positiva de substâncias químicas e anomalias nas imunidades do organismo. As isoenzimas CYP450 são proteínas contendo heme que actuam como oxidorredutases. O subgrupo de proteínas CYP1 está associado ao metabolismo de enormes xenobióticos (PAHs, mutagénicos, adulterantes e estrogénios) em produtos químicos citotóxicos, mutagénicos e cancerígenos .[55-157] À vista dos ligandos PAH, o AhR desloca-se para o núcleo, onde se liga a outras proteínas indutoras do CYP450s, o que leva ao alistamento e à sobre-articulação das proteínas CYP450s. Estes produtos químicos sobre-expressos, desta forma, utilizam os PAHs em intermediários cancerígenos, que acabam por danificar o ADN. O mecanismo intercedido pelo AhR, actuado nas células contra os HAP, permite utilizar os CYP450 como alvos terapêuticos para evitar a carcinogénese nessas células[158-160].

O carcinoma da mama é a neoplasia maligna agressiva mais frequentemente notificada e a segunda principal causa de morte entre as mulheres, a seguir ao cancro do pulmão, a nível mundial. É mais provável que ocorra à medida que as mulheres envelhecem, mas também pode ocorrer em mulheres mais jovens. Desde as últimas décadas, está bem estabelecido que as isozimas CYP450 são alvos terapêuticos promissores em vários cancros induzidos por carcinogéneos ambientais. Identificar e conceber novas entidades químicas que inibam as isozimas CYP450 é, explicitamente, um espaço de extraordinário interesse. Estes inibidores poderiam assumir um papel significativo na prevenção e cura quimioterapêutica. Os CYP450 são essenciais para a estrutura metabólica de fase I do corpo humano e iniciam-se exclusivamente nos tecidos que gerem o metabolismo dos agentes cancerígenos.

Na ausência de agentes indutores de cancro, a concentração celular de CYP1A1 é fundamentalmente baixa e não interfere com o ciclo metabólico típico do corpo humano. Sendo os isozimas CYP1A1 praticamente comparativos, variam dos CYP1A2 e CYP1B1 no modelo de ação subjacente em função da natureza das moléculas de substrato, embora os CYP1A1 e CYP1A2 sejam cerca de 72% homólogos nas suas sequências e o CYP1B1 apresente cerca de 38% de homologia. Este capítulo baseia-se no nosso trabalho *in vitro*, que visa os CYP 1A1, 1A2 e 1B1 na linha celular de cancro da mama MCF7.

A melhor pista obtida após a análise pós-docking, a simulação MD e a comparação com o inibidor conhecido ANF foi bem sucedida através de ensaios de inibição enzimática (MTT) e de 3-(4, 5-dimetiltiazolil-2)-2,5- brometo de difeniltetrazólio), elucidando potenciais moléculas líderes putativas contra as respectivas isozimas CYP450.

4.2 Materiais e métodos

4.2.1 Produtos químicos e reagentes

Compostos químicos CHEMBL1 (6-iodo-4'-metoxiflavona), CHEMBL2 (3',4'-dimetoxi-alfa-naftoflavona) e CHEMBL3 (6-fluoroflavona) de Sigma- Aldrich St. Louis, MO. A linha celular MCF-7 da NCCS Pune India, PBS, penicilina, estreptomicina e corante MTT da HiMedia Laboratories India, ANF (7,8-benzoflavona), EMEM, FBS e DMSO foram adquiridos à Sigma-Aldrich St. Louis, MO.

4.2.2 Cultura celular

As células MCF-7 foram mantidas em EMEM suplementado com 10% de FBS, 0,01 mg/ml de insulina e 1% de penicilina/estreptomicina.

4.2.3 Ensaio de viabilidade celular MTT

Utilizando o corante MTT, foram efectuados ensaios colorimétricos de viabilidade celular de acordo com o protocolo do fabricante [29]. As desidrogenases mitocondriais nas células viáveis reduziram o anel de tetrazólio do MTT, convertendo o MTT de cor amarela em cristais de formazan púrpura. Para cada poço, foram semeadas 5000 células numa placa de 96 poços, deixadas a fixar durante a noite e depois tratadas com ANF (0-

100 μM) ou CHEMBL1, CHEMBL2 e CHEMBL3 (0-100 μM) durante 24 h. A viabilidade celular foi quantificada a 540 nm utilizando o leitor de placas BioTek (BioTek, Winooski, VT). Os dados foram normalizados para o controlo do veículo, DMSO, e recolhidos a partir de três experiências independentes.

4.2.4 Ensaio *in vitro* da enzima CYP450

Para o ensaio *in vitro* da enzima CYP450, MCF-7 (1 x 106) foram semeados em triplicado em placas pretas de 96 poços com fundo transparente. Os compostos de teste em várias concentrações (de 1-1000 nM) foram adicionados aos poços, seguidos de incubação a 37°C, 5% CO2 durante 30 min. Após a incubação, foi adicionado aos poços um substrato fluorogénico 7-ER (7-Etoxiresorufina) para CYP1A1, CYP1B1 e CEC (3-cyano-7-ethoxycoumarin) para CYP1A2 a uma concentração de cinco μM e os conteúdos foram misturados por agitação. A placa foi lida num leitor de placas (Biotek, Synergy HT) durante 60 minutos, utilizando comprimentos de onda adequados para a emissão/excitação dos produtos de fluorescência formados. Os dados foram normalizados para o controlo do veículo, DMSO, e recolhidos a partir de três experiências independentes.

4.2.5 Análise estatística

As análises estatísticas dos dados experimentais foram efectuadas utilizando o GraphPad Prism8, GraphPad Software, Inc., La Jolla, CA, EUA. Foi efectuado o teste t bilateral ou a análise de variância (ANOVA) unidirecional. O valor $p<0,01$ foi considerado significativo.

4.3 Resultados e discussão

4.3.1 Ensaio MTT

Os compostos principais CHEMBL1, 2 e 3 identificados através de estratégias in silico foram testados quanto à sua atividade antiproliferativa in vitro contra a linha celular de cancro da mama humano MCF-7 em diferentes concentrações (0-100 μM) pelo ensaio MTT. As percentagens de inibição celular dos compostos testados foram determinadas após medição às 24 horas de exposição. O CHEMBL1 mostrou um efeito citotóxico de 50% na linha de células MCF-7 a 29,69 μM, e o CHEMBL2 mostrou o efeito citotóxico a 13,56 μM, enquanto o CHEMBL3 mostrou um efeito citotóxico de 50% na linha de células MCF-7 a 8,36 μM (Figura 4.1, 4.2 e 4.3). Como se pode ver nas Figuras 4.1 a 4.3, os compostos 1, 2 e 3 inibiram o crescimento da linha celular de cancro da mama MCF-7 de forma potente e a sua atividade foi significativamente diferente da do ANF nas doses de 25, 50 e 100 μM.[161-164] Além disso, os resultados do ensaio MTT sugeriram que o CHEMBL3 foi considerado o mais potente contra a linha celular MCF-7 (Figura 4.3) e poderia ser investigado mais aprofundadamente para delinear o seu forte potencial anticancerígeno.

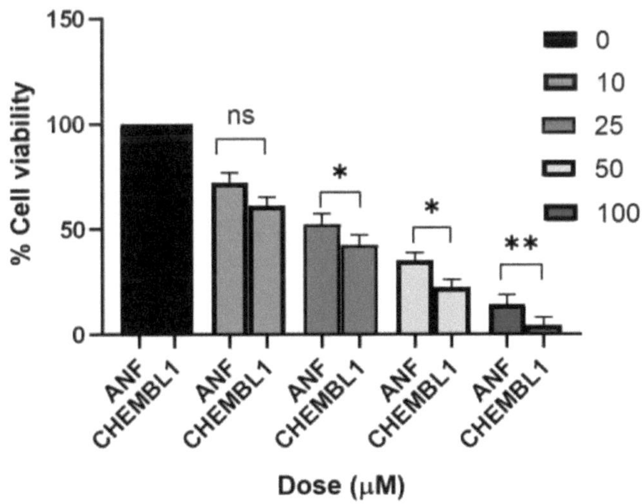

Figura 4.1. Inibição dependente da dose da viabilidade celular da linha celular de

cancro da mama MCF-7 por alfa-naftoflavona (ANF) e CHEMBL1. Os dados são a média ± DP de três experiências independentes repetidas três vezes (*^ <0,01, **^ <0,001 foram considerados significativos; ns representa não significativo).

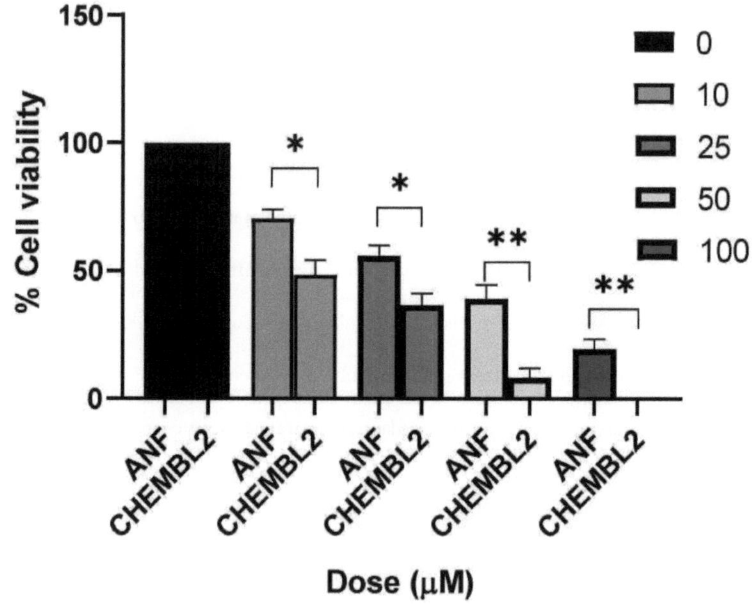

Figura 4.2. Inibição dependente da dose da viabilidade celular da linha celular de cancro da mama MCF-7 por alfa-naftoflavona (ANF) e CHEMBL2. Os dados são a média ± DP de três experiências independentes repetidas três vezes (*p<0,01, **p<0,001 foram considerados significativos; ns representa não significativo).

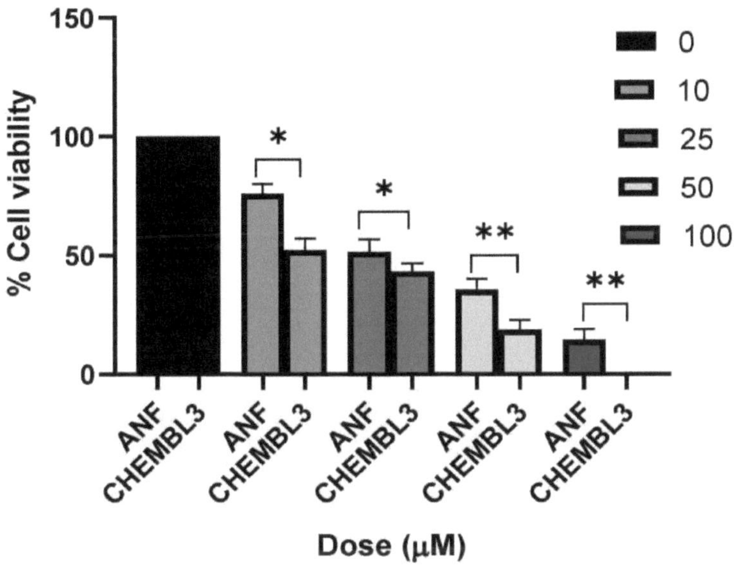

Figura 4.3. Inibição dependente da dose da viabilidade celular da linha celular de cancro da mama MCF-7 por alfa-naftoflavona (ANF) e CHEMBL3. Os dados são a média ± DP de três experiências independentes repetidas três vezes (*p<0,01, **p<0,001 foram considerados significativos; ns representa não significativo).

4.3.2 Ensaio de inibição enzimática

A inibição da atividade de várias enzimas CYP por CHEMBL1, 2 e 3 foi medida utilizando um substrato específico descrito em Materiais e Métodos. Os nossos resultados mostraram que CHEMBL1, 2 e 3 inibiram a atividade das enzimas CYP1A1, CYP1A2 e CYP1B1 de uma forma dependente da dose.[165,166] CHEMBL1 (50-1000 nM) inibiu significativamente a atividade da CYP1A1 e a inibição foi significativamente diferente da do ANF, um inibidor conhecido da CYP1A1, nas doses de 100, 200 e 500 nM. Do mesmo modo, o CHEMBL2 (50-1000 nM) mostrou uma inibição potente da atividade do

CYP1A2 e a redução da atividade foi significativamente diferente da do ANF nas doses de 100, 200 e 500 nM. Além disso, o CHEMBL3 (50-1000 nM) inibiu potentemente a atividade do CYP1B1, e a inibição foi significativamente diferente da do ANF nas doses de 100, 200 e 500 nM. Por conseguinte, os nossos resultados sugerem que a inibição das enzimas CYP1A1, CYP1A2 e CYP1B1 pelos compostos propostos pode prevenir o cancro mamário induzido pelo DBP devido à supressão da ativação carcinogénica do DBP (Figura 4.4, 4.5 e 4,6).

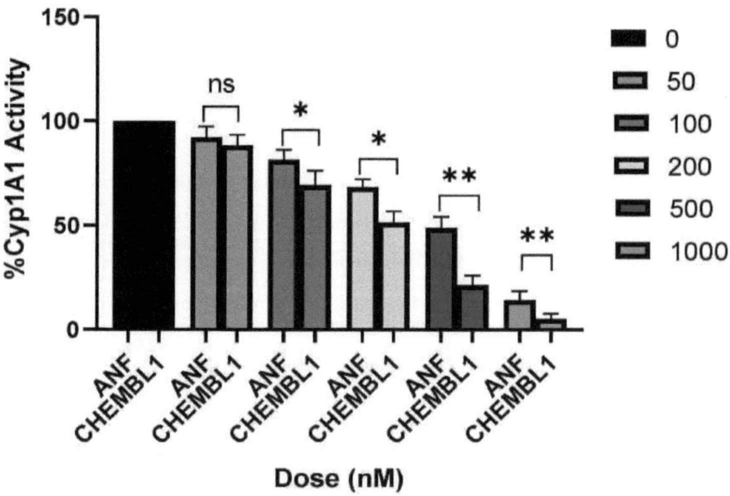

Figura 4.4. Inibição da atividade da enzima CYP1A1 na linha celular de cancro da mama MCF-7 por alfa-naftoflavona (ANF) e CHEMBL1. Os dados são a média ± DP de três experiências independentes repetidas três vezes (*^ <0,01, **^ <0,001 foram considerados significativos; ns representa não significativo).

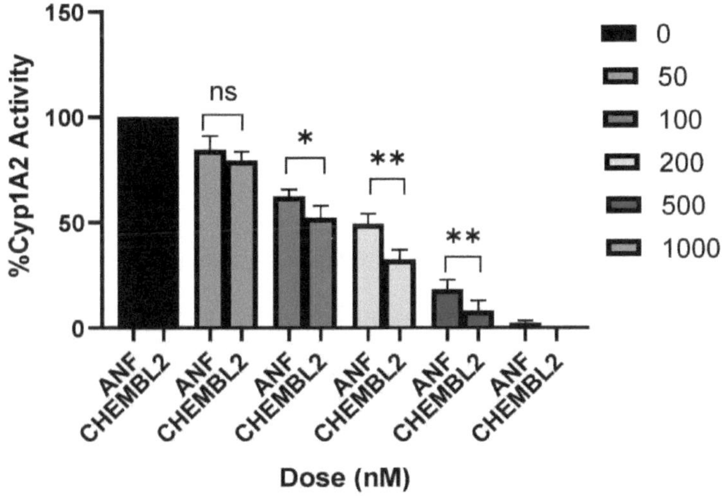

Figura 4.5. Inibição da atividade da enzima CYP1A2 na linha celular de cancro da mama MCF-7 por alfa-naftoflavona (ANF) e CHEMBL2. Os dados são a média ± DP de três experiências independentes repetidas três vezes (*p<0,01, **p<0,001 foram considerados significativos; ns representa não significativo).

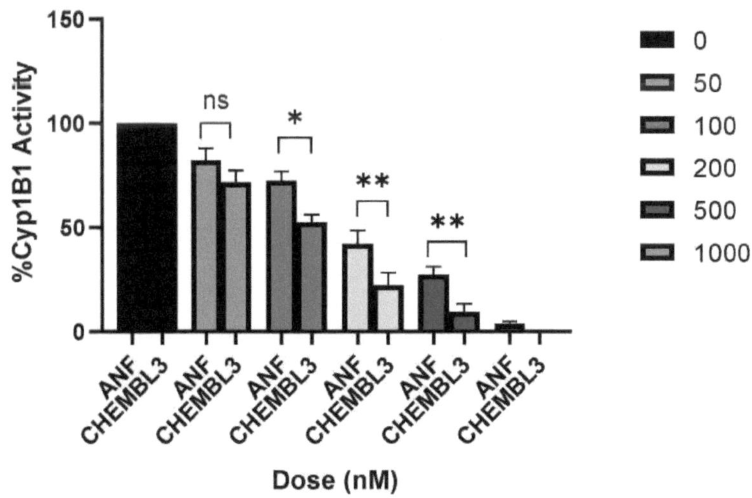

Figura 4.6. Inibição da atividade da enzima CYP1B1 na linha celular de cancro da

mama MCF-7 por alfa-naftoflavona (ANF) e CHEMBL3. Os dados são a média ± DP de três experiências independentes repetidas três vezes (*p<0,01, **p<0,001 foram considerados significativos; ns representa não significativo).

4.4 Conclusão

Os compostos principais, nomeadamente CHEMBL1, 2 e 3, identificados através de RO5 e filtração ADMET, docagem molecular e processo de simulação MD, foram testados quanto à atividade antiproliferativa *in vitro* contra a linha celular de cancro da mama humano MCF-7 em diferentes concentrações (0-100 μM) pelo ensaio MTT. Os resultados do ensaio MTT revelam que o CHEMBL3 apresenta uma maior eficácia contra a linha celular MCF-7. Da mesma forma, também foi efectuado um ensaio de inibição para as moléculas líderes putativas acima referidas. Os resultados sugerem que o CHEMBL3 (50-1000 nM) inibiu eficazmente a atividade do CYP1B1, e foi significativamente diferente do ANF nas doses de 100, 200 e 500 nM. Por conseguinte, os nossos resultados sugerem que a inibição das enzimas CYP1A1, CYP1A2 e CYP1B1 pelos compostos propostos pode prevenir o cancro da mama induzido pelo DBP devido à supressão da ativação carcinogénica do DBP e pode abrir uma nova porta para a conceção de novos candidatos a medicamentos contra o cancro da mama induzido pelo PAH.

BIBLIOGRAFIA

1. DeSantis CE, Bray F, Ferlay J, Lortet-Tieulent J, Anderson BO, Jemal A. International Variation in Female Breast Cancer Incidence and Mortality Rates (Variação internacional nas taxas de incidência e mortalidade do cancro da mama feminino). Cancer Epidemiol Biomarkers Prev. 2015;24(10):1495-506.
2. Ginsburg O, Yip C, Brooks A, Cabanes A, Caleffi M, Dunstan Yataco JA, et al. Deteção precoce do cancro da mama: A phased approach to implementation. Cancer. 2020;126(S10):2379-93.
3. Velazquez Berumen A, Jimenez Moyao G, Rodriguez NM, Ilbawi AM, Migliore A, Shulman LN. Definição de dispositivos médicos prioritários para a gestão do cancro: uma iniciativa da OMS. Lancet Oncol. 2018;19(12):e709-19.
4. Ilbawi AM, Velazquez-Berumen A. Lista da Organização Mundial de Saúde de Dispositivos Médicos Prioritários para a Gestão do Cancro para Promover a Cobertura Universal. Clin Lab Med. 2018;38(1):151-60.
5. Rositch AF, Unger-Saldaha K, DeBoer RJ, Ng'ang'a A, Weiner BJ. O papel da ciência da disseminação e implementação em programas globais de controlo do cancro da mama: Frameworks, methods, and examples. Cancer. 2020;126(S10):2394-404.
6. Wild CP, E W, Stewart BW. Relatório mundial sobre o cancro: Cancer Research for Cancer Prevention. Lyon, França: Agência Internacional de Investigação do Cancro. Organização Mundial de Saúde. 2020. 15-91.
7. Barrios CH, Reinert T, Werutsky G. Investigação global sobre o cancro da mama: Moving Forward. Am Soc Clin Oncol Educ B. 2018;(38):441-50.
8. Azamjah N, Soltan-Zadeh Y, Zayeri F. Tendência global da taxa de mortalidade por

cancro da mama: A 25- Birkett N, Al-Zoughool M, Bird M, Baan RA, Zielinski J, Krewski D. Visão geral dos mecanismos biológicos dos carcinogéneos humanos. J Toxicol Environ Heal Part B. 2019;22(7-8):288-359.

9. Soerjomataram I, Bray F. Planning for tomorrow: global cancer incidence and the role of prevention 2020-2070. Nat Rev Clin Oncol 2021. 2 de junho; 1-10
10. Birkett N, Al-Zoughool M, Bird M, Baan RA, Zielinski J, Krewski D. Visão geral dos mecanismos biológicos dos carcinogéneos humanos. J Toxicol Environ Heal Part B. 2019;22(7-8):288-359.
11. Barupal DK, Schubauer-Berigan MK, Korenjak M, Zavadil J, Guyton KZ. Priorização de avaliações de risco de câncer para monografias IARC usando uma abordagem integrada de fusão de banco de dados e mineração de texto. Environ Int. 2021;156:106624.
12. Rodu B, Cole P, Mandel JS. Evaluation of the National Toxicology Program Report on Carcinogens. Regul Toxicol Pharmacol. 2012. 64(1):186-8.
13. Goodman JE, Mayfield DB, Becker RA, Hartigan SB, Erraguntla NK. Recommendations for further revisions to improve the International Agency for Research on Cancer (IARC) Monograph program. Regul Toxicol Pharmacol. 2020;113:104639.
14. Suarez-Torres JD, Alzate JP, Orjuela-Ramirez ME. The NTP Report on Carcinogens: Um recurso valioso para a saúde pública, um desafio para a ciência regulamentar. J Appl Toxicol. 2020;40(1):169-75.
15. Identificação de potenciais moléculas líderes contra o cancro mamário induzido por dibenzo[a,l]pireno através de isoenzimas do citocromo P450 1A1, 1A2 e 1B1. Biointerface Res Appl Chem. 2021;12(1):1096-109.

16. Arif J. Microsome-mediated bioactivation of dibenzo[a,l]pyrene and identification of DNA adducts by 32P-postlabeling. Carcinogenesis. 1997;18(10):1999-2007.

17. Khan MKA, Akhtar S, Arif JM. Desenvolvimento de protocolos in silico para prever insights estruturais sobre as vias de ativação metabólica de xenobióticos. Interdiscip Sci Comput Life Sci. 2018;10(2):329-45.

18. Gupta RC, Arif JM, Gairola CG. Enhancement of pre-existing DNA adducts in rodents exposed to cigarette smoke. Mutat Res Mol Mech Mutagen. 1999;424(1 - 2):195-205.

19. Smith JN, Mehinagic D, Nag S, Crowell SR, Corley RA. Metabolismo in vitro de benzo[a]pireno-7,8-dihidrodiol e dibenzo[def,p]criseno-11,12 diol em microssomas hepáticos de roedores e humanos. Toxicol Lett. 2017;269:23-32.

20. Smith WA, Arif JM, Gupta RC. O 1,2-ditiol-3-tiona e o seu análogo estrutural oltipraz são inibidores potentes da adução de dibenzo[a,l]pireno-DNA em ratos Sprague-Dawley fêmeas. Int J Cancer. 2001;91(1):132-6.

21. Chen K-M, Guttenplan JB, Zhang S-M, Aliaga C, Cooper TK, Sun Y-W, et al. Mechanisms of oral carcinogenesis induced by dibenzo[a,l]pyrene: Um poluente ambiental e um constituinte do fumo do tabaco. Int J Cancer. 2013;133(6):1300-9.

22. Shou M, Krausz KW, Gonzalez FJ, Gelboin H V. Metabolic activation of the potent carcinogen dibenzo[a,l]pyrene by human recombinant cytochromes P450, lung and liver microsomes. Carcinogenesis. 1996;17(11):2429-33.

23. Siddens LK, Bunde KL, Harper TA, McQuistan TJ, Löhr C V., Bramer LM, et al. Cytochrome P450 1b1 in polycyclic aromatic hydrocarbon (PAH) -induced skin carcinogenesis: Tumorigenicidade de PAHs individuais e extrato de alcatrão de

carvão, adução de ADN e expressão de genes selecionados no rato Cyp1b1 knockout. Toxicol Appl Pharmacol. 2015;287(2):149-60.

24. Siddens LK, Larkin A, Krueger SK, Bradfield CA, Waters KM, Tilton SC, et al. Polycyclic aromatic hydrocarbons as skin carcinogens: Comparison of benzo[a]pyrene, dibenzo[def,p]chrysene and three environmental mixtures in the FVB/N mouse. Toxicol Appl Pharmacol. 2012;264(3):377-86.
25. Manikandan P, Nagini S. Cytochrome P450 Structure, Function and Clinical Significance: A Review. Curr Drug Targets. 2018;19(1):38-54.
26. Munro AW, McLean KJ, Grant JL, Makris TM. Structure and function of the cytochrome P450 peroxygenase enzymes. Biochem Soc Trans. 2018;46(1):183-96.
27. Barnaba C, Gentry K, Sumangala N, Ramamoorthy A. A função catalítica do citocromo P450 está entrelaçada com a sua natureza ligada à membrana. F1000Research. 2017;6:662.
28. Rendic SP, Guengerich FP. Enzimas do citocromo P450 da família 1-4 humana envolvidas na ativação metabólica de produtos químicos xenobióticos e fisiológicos: uma atualização. Arch Toxicol. 2021;95(2):395-472.
29. Shimada T, Guengerich FP. Inhibition of Human Cytochrome P450 1A1-, 1A2-, and IBl-Mediated Activation of Procarcinogens to Genotoxic Metabolites by Polycyclic Aromatic Hydrocarbons. Chem Res Toxicol. 2006;19(2):288-94.
30. Smith JN, Mehinagic D, Nag S, Crowell SR, Corley RA. Metabolismo in vitro de benzo[a]pireno-7,8-dihidrodiol e dibenzo[def,p]criseno-11,12 diol em microssomas hepáticos de roedores e humanos. Toxicol Lett. 2017;269:23-32.
31. Nakano N, Sakata N, Katsu Y, Nochise D, Sato E, Takahashi Y, et al. A dissociação

do complexo AhR/ARNT pela sinalização TGF-β/Smad reprime a expressão do gene CYP1A1 e inibe a citotoxicidade mediada pelo benze[a]pireno. J Biol Chem. 2020;295(27):9033-51.

32. Androutsopoulos VP, Tsatsakis AM, Spandidos DA. Cytochrome P450 CYP1A1: wider roles in cancer progression and prevention. BMC Cancer. 2009;9(1):187.

33. Sayer JM, Yagi H, van Bladeren PJ, Levin W, Jerina DM. Stereoselectivity of microsomal epoxide hydrolase toward diol epoxides and tetrahydroepoxides derived from benz[a]anthracene. J Biol Chem. 1985;260(3):1630-40.

34. Dock L, Waern F, Martinez M, Grover PL, Jernstrom B. Studies on the further activation of benzo[a]pyrene diol epoxides by rat liver microsomes and nuclei. Chem Biol Interact. 1986;58(C):301-18.

35. Jernström B, Mannervik B, Funk M, Seidel A. Glutationa Transferase A1-1 Catalyzed Conjugation of Polycyclic Aromatic Hydrocarbon Diol-Epoxides with Glutathione. Polycycl Aromat Compd. 1996;10(1-4):51-7.

36. Hengstler JG, Arand M, Herrero ME, Oesch F. Polimorfismos de N-Acetiltransferases, Glutationa S-Transferases, Epóxido Hidrolase Microssomal e Sulfotransferases: Influência na suscetibilidade ao cancro. In: Resultados recentes da investigação sobre o cancro Fortschritte der Krebsforschung Progrès dans les recherches sur le cancer. 1998. p. 47-85.

37. Mitrunen K, Jourenkova N, Kataja V, Eskelinen M, Kosma VM, Benhamou S, et al. Glutathione S-transferase M1, M3, P1, and T1 genetic polymorphisms and susceptibility to breast cancer. Cancer Epidemiol Biomarkers Prev. 2001;10(3):229-36.

38. Song Z, Shao C, Feng C, Lu Y, Gao Y, Dong C. Association of glutathione S-

transferase T1, M1, and P1 polymorphisms in the breast cancer risk: a metaanalysis. Ther Clin Risk Manag. 2016;12:763.

39. Park HL. Epigenetic Biomarkers for Environmental Exposures and Personalized Breast Cancer Prevention (Biomarcadores epigenéticos para exposições ambientais e prevenção personalizada do cancro da mama). Int J Environ Res Public Health. 2020;17(4):1181.

40. Birkett N, Al-Zoughool M, Bird M, Baan RA, Zielinski J, Krewski D. Visão geral dos mecanismos biológicos dos carcinogéneos humanos. J Toxicol Environ Heal Part B. 2019;22(7-8):288-359.

41. Sundberg K, Dreij K, Seidel A, Jernstrom B. Glutathione Conjugation and DNA Adduct Formation of Dibenzo[a,l]pyrene and Benzo[a]pyrene Diol Epoxides in V79 Cells Stably Expressing Different Human Glutathione Transferases. Chem Res Toxicol. 2002;15(2):170-9.

42. Sundberg K. Differences in the catalytic efficiencies of allelic variants of glutathione transferase P1-1 towards carcinogenic diol epoxides of polycyclic aromatic hydrocarbons. Carcinogenesis. 1998;19(3):433-6.

43. Fields WR, Morrow CS, Doss AJ, Sundberg K, Jernstrom B, Townsend AJ. Overexpression of Stably Transfected Human Glutathione S -Transferase P1-1 Protects against DNA Damage by Benzo[a]pyrene Diol-Epoxide in Human T47D Cells. Mol Pharmacol. 1998;54(2):298-304.

44. Endo Y, Yamashita H, Takahashi S, Sato S, Yoshimoto N, Asano T, et al. Determinação imuno-histoquímica do alvo do miR-1290, a arilamina N-acetiltransferase 1 (NAT1), como biomarcador de prognóstico no cancro da mama. BMC Cancer. 2014;14(1):990.

45. Li P, Butcher NJ, Minchin RF. Efeito da arilamina N-acetiltransferase 1 na morfologia, adesão, migração e invasão de células MDA-MB-231: papel das metaloproteinases da matriz e da integrina αV. Cell Adh Migr. 2020;14(1):1-11.

46. Carlisle SM, Trainor PJ, Doll MA, Stepp MW, Klinge CM, Hein DW. Knockout of human arylamine N -acetyltransferase 1 (NATl) in MDA-MB-231 breast cancer cells leads to increased reserve capacity, maximum mitochondrial capacity, and glycolytic reserve capacity. Mol Carcinog. 2018;57(11):1458-66.

47. Vineis P, Bartsch H, Caporaso N, Harrington AM, Kadlubar FF, Landi MT, et al. Genetically-based N-acetyltransferase metabolic polymorphism and low-level environmental exposure to carcinogens. Nature. 1994;369(6476):154-6.

48. Hein DW. Molecular genetics and function of NAT1 and NAT2: role in aromatic amine metabolism and carcinogenesis. Mutat Res Mol Mech Mutagen. 2002;506-507:65-77.

49. Wang T, Marei HE. Paisagem dos polimorfismos NAT2 no cancro da mama. Biomed Pharmacother. 2016;77:191- 6.

50. Carlisle S, Hein D. Retrospective analysis of estrogen recetor 1 and N-acetyltransferase gene expression in normal breast tissue, primary breast tumors, and established breast cancer cell lines. Int J Oncol. 2018;53(2):694-702.

51. Jernstrom B, Funk M, Steinbrecher T, Seidel A. Conjugação catalisada por glutationa transferase de epóxidos de diol derivados de hidrocarbonetos aromáticos policíclicos com glutationa. Polycycl Aromat Compd. 1993;3(4):213-9.

52. Dreij K, Sundberg K, Johansson A-S, Nordling E, Seidel A, Persson B, et al. Actividades catalíticas de glutatião transferases de classe alfa humana em relação

a epóxidos de diol de dibenzo[a,l]pireno cancerígenos. Chem Res Toxicol. 2002;15(6):825-31.

53. McCarty KM, Santella RM, Steck SE, Cleveland RJ, Ahn J, Ambrosone CB, et al. PAH-DNA Adducts, Cigarette Smoking, GST Polymorphisms, and Breast Cancer Risk. Environ Health Perspect. 2009;117(4):552-8.

54. Khan MKA, Akhtar S, Al-Khodairy F. Abordagem de ancoragem molecular para elucidar a via de desintoxicação metabólica de hidrocarbonetos aromáticos policíclicos. NeuroPharmac J. 2021; 6(1): 150-161.

55. Hargis JC, Schaefer HF, Houk KN, Wheeler SE. Interações não covalentes de um epóxido de diol de benzo[a]pireno com pares de bases de ADN: perceção da formação de aductos de (+)-BaP DE-2 com ADN. J Phys Chem A. 2010;114(4):2038-44.

56. Ewa B, Danuta M-S. Hidrocarbonetos aromáticos policíclicos e aductos de ADN relacionados com PAH. J Appl Genet. 2017;58(3):321-30.

57. Genies C, Jullien A, Lefebvre E, Revol M, Maitre A, Douki T. Inibição da formação de aductos de benzo[a]pireno no ADN em células pulmonares A549 expostas a misturas de hidrocarbonetos aromáticos policíclicos. Toxicol Vitr. 2016;35:1-10.

58. Motwani H V., Westberg E, Tornqvist M. Interação de de epóxido de benzo[a]pireno diol com albumina de soro humano: Caracterização específica do local dos aductos e cinética associada. Sci Rep. 2016;6(1):36243.

59. Cai Y, Ding S, Geacintov NE, Broyde S. Conformações intercalativas dos aductos 14 R (+)- e 14 S (-)- trans-anti-DB[a,l]P-N 6-dA: Molecular Modeling and MD Simulations. Chem Res Toxicol. 2011;24(4):522-31.

60. Shiizaki K, Kawanishi M, Yagi T. Modulation of benzo[a]pyrene-DNA adduct

formation by CYP1 inducer and inhibitor. Genes Environ. 2017;39(1):14.

61. Lukashevich O V., Baskunov VB, Darii M V., Kolbanovskiy A, Baykov AA, Gromova ES. Dnmt3a-CD is Less Susceptible to Bulky Benzo[a]pyrene Diol Epoxide-Derived DNA Lesions than Prokaryotic DNA Methyltransferases. Biochemistry. 2011;50(5):875-81.

62. Dipple A, Pigott MA, Agarwal SK, Yagi H, Sayer JM, Jerina DM. Opticamente ativo benzo[c]phenanthrene diol epoxides ligam-se extensivamente à adenina no ADN. Nature. 1987;327(6122):535-6.

63. Arif JM, Smith WA, Gupta RC. Tissue distribution of DNA adducts in rats treated by intramammillary injection with dibenzo[a,l]pyrene, 7,12-dimethylbenz[a]anthracene and benzo[a]pyrene. Mutat Res Mol Mech Mutagen. 1997;378(1-2):31-9.

64. Khan MKA, Akhtar S, Arif JM. Desenvolvimento de protocolos in silico para prever insights estruturais sobre as vias de ativação metabólica de xenobióticos. Interdiscip Sci Comput Life Sci. 2018;10(2):329-45.

65. Ahmad KMK, Salman A, Al-Khodairy Salman F, Al-Marshad Feras M, Alshahrani Abdulrahman M, Arif Jamal M. Computational Exploration of Dibenzo[a,l]Pyrene Interaction to DNA and its Bases: Possíveis implicações para a saúde humana. Biointerface Res Appl Chem. 2020;11(4):11272-83.

66. Dreij K, Seidel A, Jernstrom B. Differential Removal of DNA Adducts Derived from anti -Diol Epoxides of Dibenzo[a,l]pyrene and Benzo[a]pyrene in Human Cells. Chem Res Toxicol. 2005;18(4):655-64.

67. Ruan Q, Kolbanovskiy A, Zhuang P, Chen J, Krzeminski J, Amin S, et al. Síntese e caraterização de aductos de diol epóxido-N 6-adenina de Fjord Dibenzo[a,l]pireno

específicos do local e estereoisoméricos: Estabilização térmica invulgar de duplexes de ADN modificados. Chem Res Toxicol. 2002;15(2):249- 61.

68. Zhong Q, Amin S, Lazarus P, Spratt TE. Reparação diferencial de aductos de ADN de hidrocarbonetos aromáticos policíclicos de um gene ativamente transcrito. DNA Repair (Amst). 2010;9(9):1011-6.

69. Shafirovich V, Kolbanovskiy M, Kropachev K, Liu Z, Cai Y, Terzidis MA, et al. Nucleotide Excision Repair and Impact of Site-Specific 5',8-Cyclopurine and Bulky DNA Lesions on the Physical Properties of Nucleosomes. Biochemistry. 2019;58(6):561-74.

70. Gelhaus SL, Harvey RG, Penning TM, Blair IA. Regulation of benzo[a]pyrene-mediated DNA- and glutathione-adduct formation by 2,3,7,8-tetrachlorodibenzo-p-dioxin in human lung cells. Chem Res Toxicol. 2011;24(1):89-98.

71. Cai Y, Geacintov NE, Broyde S. Nucleotide Excision Repair Efficiencies of Bulky Carcinogen-DNA Adducts Are Governed by a Balance between Stabilizing and Destabilizing Interactions. Biochemistry. 2012;51(7):1486-99.

72. Bock FJ, Tait SWG. Mitocôndrias como reguladores multifacetados da morte celular. Nat Rev Mol Cell Biol. 2020;21(2):85-100.

73. Bock FJ, Tait SWG. Mitocôndrias como reguladores multifacetados da morte celular. Nat Rev Mol Cell Biol. 2020;21(2):85-100.

74. Kale J, Osterlund EJ, Andrews DW. BCL-2 family proteins: changing partners in the dance towards death. Diferença de morte celular. 2018;25(1):65-80.

75. Czabotar PE, Lessene G, Strasser A, Adams JM. Controlo da apoptose pela família de proteínas BCL-2: implicações para a fisiologia e a terapia. Nat Rev Mol Cell Biol. 2014;15(1):49-63.

76. Warren CFA, Wong-Brown MW, Bowden NA. BCL-2 family isoforms in apoptosis and cancer. Cell Death Dis. 2019;10(3):177.

77. Bogner C, Kale J, Pogmore J, Chi X, Shamas-Din A, Fradin C, et al. Allosteric Regulation of BH3 Proteins in Bcl-xL Complexes Enables Switch-like Activation of Bax. Mol Cell. 2020;77(4):901-912.

78. Ouyang L, Shi Z, Zhao S, Wang F-T, Zhou T-T, Liu B, et al. Vias de morte celular programada no cancro: uma revisão da apoptose, autofagia e necrose programada. Cell Prolif. 2012;45(6):487-98.

79. Jan R, Chaudhry G-S. Understanding Apoptosis and Apoptotic Pathways Targeted Cancer Therapeutics (Compreender a apoptose e as vias apoptóticas como alvo da terapêutica do cancro). Adv Pharm Bull. 2019;9(2):205-18.

80. Guo Z, Song T, Wang Z, Lin D, Cao K, Liu P, et al. A chaperona Hsp70 é um recetor BH3 ativado pelo pró-apoptótico Bim para estabilizar clientes anti-apoptóticos. J Biol Chem. 2020;295(37):12900-9.

81. Huang K, O'Neill KL, Li J, Zhou W, Han N, Pang X, et al. As proteínas apenas BH3 têm como alvo BCL-xL / MCL-1, não BAX / BAK, para iniciar a apoptose. Cell Res. 2019;29(11):942-52.

82. Yin C, Knudson CM, Korsmeyer SJ, Dyke T Van. Bax suprime a tumorigénese e estimula a apoptose in vivo. Nature. 1997;385(6617):637-40.

83. Oda E. Noxa, a BH3-Only Member of the Bcl-2 Family and Candidate Mediator of p53-Induced Apoptosis. Science. 2000;288(5468):1053-8.

84. Oda K, Arakawa H, Tanaka T, Matsuda K, Tanikawa C, Mori T, et al. p53AIP1, um potencial mediador da apoptose dependente de p53, e a sua regulação por p53 fosforilado a Ser-46. Cell. 2000;102(6):849-62.

85. Kracikova M, Akiri G, George A, Sachidanandam R, Aaronson SA. A threshold mechanism mediates p53 cell fate decision between growth arrest and apoptosis. Cell Death Differ. 2013;20(4):576-88.

86. Hegeman SA, Ghannouma H, Zhou L. Papel da apoptose mediada por p53 na limitação de metástases. UF J Undergrad Res. 2020;21(2).

87. Soengas MS. Apaf-1 and Caspase-9 in p53-Dependent Apoptosis and Tumor Inhibition. Science. 1999;284(5411):156-9.

88. Soengas MS. Apaf-1 and Caspase-9 in p53-Dependent Apoptosis and Tumor Inhibition. Science. 1999;284(5411):156-9.

89. Duffy MJ, Synnott NC, Crown J. Mutant p53 in breast cancer: potential as a therapeutic target and biomarker. Breast Cancer Res Treat. 2018;170(2):213- 9.

90. Irwin M, Marin MC, Phillips AC, Seelan RS, Smith DI, Liu W, et al. Papel do homólogo de p53 p73 na apoptose induzida por E2F-1. Nature. 2000;407(6804):645-8.

91. Helin K, Harlow E, Fattaey A. Inhibition of E2F-1 transactivation by direct binding of the retinoblastoma protein. Mol Cell Biol. 1993;13(10):6501-8.

92. Christensen J. Characterization of E2F8, a novel E2F-like cell-cycle regulated repressor of E2F-activated transcription. Nucleic Acids Res. 2005;33(17):5458-70.

93. Nahle Z, Polakoff J, Davuluri R V., McCurrach ME, Jacobson MD, Narita M, et al. Diret coupling of the cell cycle and cell death machinery by E2F. Nat Cell Biol. 2002;4(11):859-64.

94. Akl H, Vervloessem T, Kiviluoto S, Bittremieux M, Parys JB, De Smedt H, et al. A dual role for the anti-apoptotic Bcl-2 protein in cancer: Mitocôndria versus

retículo endoplasmático. Biochim Biophys Ata - Mol Cell Res. 2014;1843(10):2240-52.

95. Khan MKA, Akhtar S, Arif JM. Visão estrutural do mecanismo de proliferação celular mediada por Dibenzo [a, l] pireno e Benzo [a] pireno usando simulações de ancoragem molecular. Interdiscip Sci Comput Life Sci. 2018;10(4):653-73.

96. Anifowose AJ, Ogundola AO, Babalola BM, Awojide SH. Medição, Fonte Perfil e Potencial Toxicidade de Hidrocarbonetos Policíclicos Aromáticos num Solo Agrário. Environ Process. 2020;7(3):827-44.

97. Jeffery J, Carradus M, Songin K, Pettit M, Pettit K, Wright C. Método otimizado para a determinação de 16 hidrocarbonetos aromáticos policíclicos (PAHs) da FDA na fumaça de cigarro convencional por cromatografia gasosa-espetrometria de massa. Chem Cent J. 2018;12(1):27.

98. Mescher M, Haarmann-Stemmann T. Modulação do metabolismo do CYP1A1: From adverse health effects to chemoprevention and therapeutic options (Dos efeitos adversos para a saúde à quimioprevenção e opções terapêuticas). Pharmacol Ther. 2018;187:71-87.

99. Beck TC, Beck KR, Morningstar J, Benjamin MM, Norris RA. Descriptors of Cytochrome Inhibitors and Useful Machine Learning Based Methods for the Design of Safer Drugs. Pharmaceuticals. 2021;14(5):472.

100. Luch A, Schober W, Soballa VJ, Raab G, Greim H, Jacob J, et al. Metabolic Activation of Dibenzo[a,l]pyrene by Human Cytochrome P450 1A1 and P450 1B1 Expressed in V79 Chinese Hamster Cells. Chem Res Toxicol. 1999;12(4):353-64.

101. Smith JN, Mehinagic D, Nag S, Crowell SR, Corley RA. Metabolismo in vitro de

benzo[a]pireno-7,8-dihidrodiol e dibenzo[def,p]criseno-11,12 diol em microssomas hepáticos de roedores e humanos. Toxicol Lett. 2017;269:23-32.

102. Shimada T. Inhibition of Carcinogen-Activating Cytochrome P450 Enzymes by Xenobiotic Chemicals in Relation to Antimutagenicity and Anticarcinogenicity [Inibição de enzimas do citocromo P450 activadoras de carcinogéneos por produtos químicos xenobióticos em relação à antimutagenicidade e anticarcinogenicidade]. Toxicol Res. 2017;33(2):79-96.

103. Siddens LK, Larkin A, Krueger SK, Bradfield CA, Waters KM, Tilton SC, et al. Polycyclic aromatic hydrocarbons as skin carcinogens: Comparison of benzo[a]pyrene, dibenzo[def,p]chrysene and three environmental mixtures in the FVB/N mouse. Toxicol Appl Pharmacol. 2012;264(3):377-86.

104. Manikandan P, Nagini S. Cytochrome P450 Structure, Function and Clinical Significance: A Review. Curr Drug Targets. 2018;19(1):38-54.

105. Munro AW, McLean KJ, Grant JL, Makris TM. Structure and function of the cytochrome P450 peroxygenase enzymes. Biochem Soc Trans. 2018;46(1):183-96.

106. Barnaba C, Gentry K, Sumangala N, Ramamoorthy A. A função catalítica do citocromo P450 está entrelaçada com a sua natureza ligada à membrana. F1000Research. 2017;6:662.

107. Rendic SP, Guengerich FP. Enzimas do citocromo P450 da família 1-4 humana envolvidas na ativação metabólica de produtos químicos xenobióticos e fisiológicos: uma atualização. Arch Toxicol. 2021;95(2):395-472.

108. Nakano N, Sakata N, Katsu Y, Nochise D, Sato E, Takahashi Y, et al. A dissociação

do complexo AhR/ARNT pela sinalização TGF-β/Smad reprime a expressão do gene CYP1A1 e inibe a citotoxicidade mediada pelo benze[a]pireno. J Biol Chem. 2020;295(27):9033-51.

109. Androutsopoulos VP, Tsatsakis AM, Spandidos DA. Cytochrome P450 CYP1A1: wider roles in cancer progression and prevention. BMC Cancer [Internet]. 2009 Dec 16;9(1):187.

110. Lemkul JA. Campos de força atomísticos aditivos e polarizáveis para simulações de dinâmica molecular de proteínas. In: Progresso em Biologia Molecular e Ciência Translacional. 2020. p. 1-71.

111. Kim S, Lee J, Jo S, Brooks CL, Lee HS, Im W. CHARMM-GUI ligand reader and modeler for CHARMM force field generation of small molecules. J Comput Chem. 2017 ;38(21):1879-86.

112. Van Den Driessche G, Fourches D. Reacções adversas a medicamentos desencadeadas pela variante comum HLA-B*57:01: rastreio virtual do DrugBank utilizando a acoplagem molecular 3D. J Cheminfor. 2018;10(1):3.

113. Zoete V, Daina A, Bovigny C, Michielin O. SwissSimilarity: A Web Tool for Low to Ultra High Throughput Ligand-Based Virtual Screening. J Chem Inf Model. 2016 56(8):1399-404.

114. Lipinski CA. Lead- and drug-like compounds: the rule-of-five revolution. Drug Discov Today Technol. 2004;1(4):337-41.

115. Tan H-Y, Trier S, Rahbek UL, Dufva M, Kutter JP, Andresen TL. A multi-chamber microfluidic intestinal barrier model using Caco-2 cells for drug transport studies. Deli MA, editor. PLoS One. 2018;13(5):e0197101.

116. Zhu J, Yi X, Zhang J, Chen S, Wu Y. Rastreio rápido de antioxidantes penetráveis no cérebro a partir de produtos naturais através do ensaio de permeabilidade específico da barreira hemato-encefálica combinado com o reconhecimento DPPH. J Pharm Biomed Anal. 2018;151:42-8.

117. Liu W, Jiang X, Zu Y, Yang Y, Liu Y, Sun X, et al. Uma descrição exaustiva dos antagonistas dos receptores N-metil-D-aspartato (NMDA) selectivos para GluN2B. Eur J Med Chem. 2020;200:112447.

118. Morris GM, Goodsell DS, Halliday RS, Huey R, Hart WE, Belew RK, et al. Automated docking using a Lamarckian genetic algorithm and an empirical binding free energy function. J Comput Chem. 1998;19(14):1639-62.

119. Morris GM, Goodsell DS, Huey R, Olson AJ. Acoplamento automatizado distribuído de ligandos flexíveis a proteínas: Aplicações paralelas do AutoDock 2.4. J Comput Aided Mol Des. 1996;10(4):293-304.

120. Khan FI, Lai D, Anwer R, Azim I, Khan MKA. Identificação de novos inibidores da esfingosina quinase 1 como terapêutica contra o cancro da mama. J Enzyme Inhib Med Chem. 2020;35(1):172-86.

121. Khan S, Khan FI, Mohammad T, Khan P, Hasan GM, Lobb KA, et al. Exploração de conhecimentos moleculares sobre o mecanismo de interação dos derivados de colesterol com o Mce4A: um estudo combinado de espetroscopia e simulação de dinâmica molecular. Int J Biol Macromol. 2018;111:548-60.

122. Gunasekaran D, Sridhar J, Suryanarayanan V, Manimaran NC, Singh SK. Molecular modeling and structural analysis of nAChR variants uncovers the mechanism of resistance to snake toxins. J Biomol Struct Dyn. 2017;35(8):1654-71.

123. Naz F, Khan FI, Mohammad T, Khan P, Manzoor S, Hasan GM, et al. Investigação do mecanismo molecular de reconhecimento entre citral e MARK4: Uma nova abordagem terapêutica para atenuar a progressão das células cancerígenas. Int J Biol Macromol. 2018;107(Pt B):2580-9.

124. Mosmann T. Rapid colorimetric assay for cellular growth and survival: Application to proliferation and cytotoxicity assays. J Immunol Methods. 1983;65(1-2):55-63.

125. Alreshidi FS, Ginawi IA, Hussain MA, Arif JM. Papel protetor de HSP70 e HSP90 mediado por piperaquina e aspirina como modos de reforçar a imunidade natural contra o potente SARS-CoV-2. Biointerface Res Appl Chem. 2021;11(4):12364-79.

126. Laskowski RA, Swindells MB. LigPlot+: Multiple Ligand-Protein Interaction Diagrams for Drug Discovery. J Chem Inf Model. 2011;51(10):2778-86.

127. Baildya N, Khan AA, Ghosh NN, Dutta T, Chattopadhyay AP. Screening of potential drug from Azadirachta Indica (Neem) extracts for SARS-CoV-2: An insight from molecular docking and MD-simulation studies. J Mol Struct. 2021;1227:129390.

128. Naz S, Farooq U, Khan S, Sarwar R, Mabkhot YN, Saeed M, et al. Rastreio virtual baseado em modelos farmacofóricos, docking, avaliação biológica e simulações de dinâmica molecular para a descoberta de inibidores contra a α-triptofano sintase de Mycobacterium tuberculosis. J Biomol Struct Dyn. 2021;39(2):610-20.

129. Hargis JC, III HFS, Houk KN, Wheeler SE. Interações não covalentes de um epóxido de diol de benzo[a]pireno com pares de bases de ADN: Perspectivas sobre a formação de aductos de (+)-BaPDE-2 com ADN. J Phys Chem A.

2010;114(4):2038-44.

130. Ewa B, Danuta M-S. Hidrocarbonetos aromáticos policíclicos e aductos de ADN relacionados com PAH. J Appl Genet. 2017;58(3):321-30.

131. Genies C, Jullien A, Lefebvre E, Revol M, Maitre A, Douki T. Inibição da formação de aductos de benzo[a]pireno no ADN em células pulmonares A549 expostas a misturas de hidrocarbonetos aromáticos policíclicos. Toxicol Vitr. 2016;35:1-10.

132. Motwani H V., Westberg E, Tornqvist M. Interação de de epóxido de benzo[a]pireno diol com albumina de soro humano: Caracterização específica do local dos aductos e cinética associada. Sci Rep. 2016;6(1):36243.

133. Cai Y, Ding S, Geacintov NE, Broyde S. Conformações intercalativas dos aductos 14 R (+)- e 14 S (-)- trans-anti-DB[a,l]P-N 6-dA: Molecular Modeling and MD Simulations. Chem Res Toxicol. 2011;24(4):522-31.

134. Shiizaki K, Kawanishi M, Yagi T. Modulation of benzo[a]pyrene-DNA adduct formation by CYP1 inducer and inhibitor. Genes Environ. 2017;39(1):14.

135. Lukashevich O V., Baskunov VB, Darii M V., Kolbanovskiy A, Baykov AA, Gromova ES. Dnmt3a-CD is Less Susceptible to Bulky Benzo[a]pyrene Diol Epoxide-Derived DNA Lesions than Prokaryotic DNA Methyltransferases. Biochemistry. 2011;50(5):875-81.

136. Dipple A, Pigott MA, Agarwal SK, Yagi H, Sayer JM, Jerina DM. Optically active benzo[c]phenanthrene diol epoxides bionectores ligam-se extensivamente à adenina no ADN. Nature. 1987;327(6122):535-6.

137. Ralston SL, Seidel A, Luch A, Platt KL, Baird WM. Stereoselective activation of dibenzo[a,l]pyrene to (-)- anti (11 R,12 S,13S,14 R)- and (+)- syn (11S, 12R, 13S,14R)- 11,12-diol-13,14-epoxides which bind extensively to deoxyadenosine

residues of DNA in the human mammary carcinoma. Carcinogénese. 1995;16(12):2899-907.

138. Rodríguez FA, Liu Z, Lin CH, Ding S, Cai Y, Kolbanovskiy A, et al. Nuclear Magnetic Resonance Studies of an N2-Guanine Adduct Derived from the Tumorigen Dibenzo[a,l]pyrene in DNA: Impact of Adduct Stereochemistry, Size, and Local DNA Sequence on Solution Conformations. Biochemistry. 2014;53(11):1827-41.

139. Kropachev K, Kolbanovskiy M, Liu Z, Cai Y, Zhang L, Schwaid AG, et al. Aductos Adenina-ADN derivados do Dibenzo[a,l]pireno altamente tumorigénico são resistentes à reparação por excisão de nucleótidos, enquanto os aductos de guanina não o são. Chem Res Toxicol. 2013;26(5):783-93.

140. Spivak G. Nucleotide excision repair in humans (Reparação por excisão de nucleótidos em humanos). DNA Repair (Amst). 2015;36:13- 8.

141. Kropachev K, Kolbanovskiy M, Liu Z, Cai Y, Zhang L, Schwaid AG, et al. Aductos Adenina-ADN derivados do Dibenzo[a,l]pireno altamente tumorigénico são resistentes à reparação por excisão de nucleótidos, enquanto os aductos de guanina não o são. Chem Res Toxicol. 2013;26(5):783-93.

142. Cortez D. Preventing replication fork collapse to maintain genome integrity (Prevenir o colapso da forquilha de replicação para manter a integridade do genoma). Reparação do ADN (Amst). 2015;32:149-57.

143. Sugasawa K. Molecular mechanisms of DNA damage recognition for mammalian nucleotide excision repair (Mecanismos moleculares de reconhecimento de danos no ADN para reparação por excisão de nucleótidos em mamíferos). DNA Repair (Amst). 2016;44:110-7.

144. 1Stingele J, Bellelli R, Boulton SJ. Mecanismos de reparo de ligações cruzadas de DNA-proteína. Nat Rev Mol Cell Biol. 2017;18(9):563-73.

145. Marteijn JA, Lans H, Vermeulen W, Hoeijmakers JHJ. Compreender a reparação da excisão de nucleótidos e os seus papéis no cancro e no envelhecimento. Nat Rev Mol Cell Biol. 2014;15(7):465-81.

146. Zha J, Harada H, Osipov K, Jockel J, Waksman G, Korsmeyer SJ. BH3 Domain of BAD Is Required for Heterodimerization with BCL-XL and Pro-apoptotic Activity. J Biol Chem. 1997;272(39):24101-4.

147. Korsmeyer SJ, Yin X-M, Yang E, Zha J, Sedlak T, Oltvai Z. BCL-2 gene family and the regulation of programmed cell death. Cancer Genet Cytogenet. 1995;84(2):138.

148. Tilokani L, Nagashima S, Paupe V, Prudent J. Mitochondrial dynamics: overview of molecular mechanisms. Garone C, Minczuk M, editores. Essays Biochem. 2018;62(3):341-60.

149. Tanaka T. Role of Apoptosis in the Chemoprevention of Cancer (Papel da Apoptose na Quimioprevenção do Cancro). J Exp Clin Med. 2013;5(3):89-91.

150. Widden H, Kaczmarczyk A, Subedi A, Whitaker RH, Placzek WJ. MCL1 liga-se e regula negativamente a função transcricional do supressor de tumores p73. Cell Death Dis. 2020;11(11):946.

151. Smith VM, Dietz A, Henz K, Bruecher D, Jackson R, Kowald L, et al. Interações específicas das proteínas da família BCL-2 medeiam a sensibilidade aos miméticos BH3 no linfoma difuso de grandes células B. Haematologica. 2020;105(8):2150-63.

152. Stefanski CD, Keffler K, McClintock S, Milac L, Prosperi JR. A perda de APC

afecta a reparação de danos no ADN, causando resistência à doxorrubicina em células de cancro da mama. Neoplasia. 2019;21(12):1143-50.

153. Allende-Vega N, Krzywinska E, Orecchioni S, Lopez-Royuela N, Reggiani F, Talarico G, et al. A presença de p53 de tipo selvagem em cancros hematológicos melhora a eficácia da terapia combinada que visa o metabolismo. Oncotarget. 2015;6(22):19228-45.

154. Ajijur R, Salman A, Ahmad KMK. Conceção combinatória para decifrar uma nova molécula líder contra Mycobacterium tuberculosis. Biointerface Res Appl Chem. 2021;11(5):12993-3004.

155. Cavalieri EL, Devanesan P, Bosland MC, Badawi AF, Rogan EG. Catechol estrogen metabolites and conjugates in different regions of the prostate of Noble rats treated with 4-hydroxyestradiol: implications for estrogen-induced initiation of prostate cancer. Carcinogenesis. 2002;23(2):329-33.

156. Takemura H, Uchiyama H, Ohura T, Sakakibara H, Kuruto R, Amagai T, et al. Um metoxiflavonóide, crisoeriol, inibe seletivamente a formação de um metabolito de estrogénio carcinogénico em células de cancro da mama MCF-7. J Steroid Biochem Mol Biol. 2010;118(1-2):70-6.

157. Iwata H, Yamaguchi K, Takeshita Y, Kubota A, Hirakawa S, Isobe T, et al. Caracterização enzimática do citocromo P450 (CYP) 1A1, 1A2 e 1B1 da foca do Baikal expresso in vitro: Implicação do baixo potencial metabólico do CYP1A2 que evoluiu de forma única nos mamíferos aquáticos. Aquat Toxicol. 2015;162:138-51.

158. Dong J, Huang G, Zhang Q, Wang Z, Cui J, Wu Y, et al. Desenvolvimento de derivados de benzochalcona como inibidores selectivos de CYP1B1 e agentes

anticancerígenos. Medchemcomm. 2019;10(9):1606-14.

159. Dutkiewicz Z, Mikstacka R. Design de medicamentos baseado em estrutura para inibidores da família 1 do citocromo P450. Bioinorg Chem Appl. 2018;2018:1-21.

160. Dong J, Huang G, Cui Q, Meng Q, Li S, Cui J. Descoberta de derivados contendo heterociclo como inibidores do CYP1B1 solúveis em água, altamente potentes e selectivos. Eur J Med Chem. 2021;209:112895.

161. Datta A, Bhasin N, Kim H, Ranjan M, Rider B, Abd Elmageed ZY, et al. A segmentação selectiva do eixo FAK-Pyk2 por alfa-naftoflavona anula a resistência à doxorrubicina em células de cancro da mama. Cancer Lett. 2015;362(1):25-35.

162. Osmaniye D, Korkut Çelikateş B, Sağlık BN, Levent S, Acar Çevik U, KayaB, et al. Síntese de alguns novos derivados de benzoxazol e investigação de suas atividades anticâncer. Eur J Med Chem. 2021;210:112979.

163. Surichan S, Arroo RR, Tsatsakis AM, Androutsopoulos VP. A tangeretina inibe a proliferação de células humanas de cancro da mama através da indução das enzimas CYP1A1/CYP1B1 e do metabolismo mediado por CYP1A1/CYP1B1 para o produto 4' hidroxi tangeretina. Toxicol Vitr. 2018;50:274-84.

164. Wojcikowski J, Danek PJ, Basinska-Ziobron A, Puklo R, Daniel WA. In vitro inhibition of human cytochrome P450 enzymes by the novel atypical antipsychotic drug asenapine: a prediction of possible drug-drug interactions. Pharmacol Reports. 2020;72(3):612-21.

165. Shimada T, Guengerich FP. Inhibition of Human Cytochrome P450 1A1-, 1A2-, and 1B1-Mediated Activation of Procarcinogens to Genotoxic Metabolites by

Polycyclic Aromatic Hydrocarbons. Chem Res Toxicol. 2006;19(2):288-94.

166. Juvonen RO, Jokinen EM, Javaid A, Lehtonen M, Raunio H, Pentikainen OT. Inibição das enzimas CYP1 humanas por um inibidor clássico α-naftoflavona e um novo inibidor N-(3, 5-diclorofenil) ciclopropano carboxamida: Um estudo in vitro e in silico. Chem Biol Drug Des. 2020;95(5):520-33.

MIX
Papier aus verantwortungsvollen Quellen
Paper from responsible sources
FSC® C105338

Printed by Books on Demand GmbH, Norderstedt / Germany